赋能型组织

未来组织不是管理，**而是赋能**

周朝林◎著

中国纺织出版社 国家一级出版社
全国百佳图书出版单位

内 容 提 要

赋能这个词用在管理学中，是指是企业由上而下地释放权力，尤其是员工们自主工作的权力，从而通过去中心化的方式驱动企业组织扁平化，最大限度发挥个人智慧和潜能。

本书从赋能组织的基本概念引入，重点讲述了赋能型组织、赋能型团队、赋能型员工，以及赋能组织的权力分配、HR管理、领导力。用通俗易懂的语言进行阐述，易于理解和学习。

在所有的管理创新中，重点还是赋能型组织变革与人才机制创新。赋能型组织是时代赋予的组织形式，认真学习并加以实践，定然能给企业带来益处。

图书在版编目（CIP）数据

赋能型组织：未来组织不是管理，而是赋能 / 周朝林著 . -- 北京：中国纺织出版社，2019. 1

ISBN 978-7-5180-5948-5

Ⅰ. ①赋… Ⅱ. ①周… Ⅲ. ①企业管理—研究 Ⅳ. ① F272

中国版本图书馆 CIP 数据核字（2019）第 029169 号

策划编辑：陈希尔　　责任印制：储志伟

中国纺织出版社出版发行
地址：北京市朝阳区百子湾东里A407号楼　邮政编码：100124
销售电话：010—67004422　传真：010—87155801
http: // www.c-textilep.com
E-mail: faxing@c-textilep.com
中国纺织出版社天猫旗舰店
官方微博http: // weibo.com / 2119887771
三河市延风印装有限公司印刷　各地新华书店经销
2019年4月第1版第1次印刷
开本：710×1000　1 / 16　印张：11
字数：135 千字　定价：42.00 元

前言 Preface

在市场经济日新月异的今天，一个新兴名词逐渐走进大家的视野——赋能。各大企业领导者纷纷提出了赋能管理的战略，如：京东的零售赋能，联想也打算做推动者和赋能者。

所谓的“赋能”，其实就是为某个人、某个团队赋予某种能力。这个词最早出现在心理学中，主要是通过态度、环境等因素的作用，给他人提供正能量。后来，“赋能”被广泛应用到商业的发展、企业的管理中。其改变了过去的那种传统的企业管理模式，从上往下将领导者的权利释放出来，提高了员工的工作自主性，让员工的才能和智慧得到最大程度的发挥，帮助企业快速发展。

根据“赋能”目前的发展状况，可以预测，未来组织最重要的职能就是赋能，而不再是管理或激励。这就意味着，采用新的管理模式，如果领导者依然单纯地应用工业化时代的管控思维、管控模式，对组织进行管理，带领团队开展业务，那么在竞争激烈的大环境下，只能遭受被淘汰的厄运。

互联网时代，企业面对的多是90后的新生员工。在新经济时代下，企业领导者的领导力也面临着新的挑战和考验。在新的组织管理中，员工与目标的关系、员工与组织的关系、组织与环境的关系、组织与变化的关系，已经统统发生了改变。过去的企业管理，员工要服从企业目标，要为目标的实现尽心尽力，否则就会被组织淘汰。而在新的形势下，企业领导者必须对自己的角色进行重新定位，不再是简单的控制者、决策者、信息者和人际关系者，必须积极改变传统的管控模式，回归到员工个人，对员工进行赋能，激发员工工作激情，提高员工的主人翁意识。

无论是在战场上，还是在商场上，快速反应能力和应变能力都异常重要。尤其是在日新月异的新时代下，任何组织都要重新审视自己的管理模式，打破传统管理模式中的不足，对团队进行赋能，打破藩篱，进行跨部门协作，使整个组织具备持续的适应能力。

那么，如何构建赋能型组织呢？为了回答这个问题，我们特意编写了这本书。本书从赋能型组织的基本概念引入，重点讲述了赋能型组织的权力分配、HR 管理、领导力、赋能型组织、赋能型团队、赋能型员工等内容，语言通俗易懂，易于理解和学习。

赋能型组织是时代赋予的组织形式，认真学习并加以实践，定然能给企业带来益处。

/ 第六章 / 如何让企业组织赋能？

/ 第七章 / 团队管理精髓，是赋能而不是管控或激励

/ 第八章 / 新企业领导经济时代的“赋能型”员工管理模式

/ 第九章 / 可以借鉴的赋能型组织实例

第一章

企业组织从管理型组织到赋能型组织

企业管理两大核心命题：组织变革和人才创新

在所有的管理创新中，重点还是组织变革和人才机制创新。离开了创新的组织模式、组织机制，即使领导者看到了未来的发展方向，即使想出了更好的战略构想，最终也可能由于组织能力的薄弱而影响到企业战略的实现。

能否成为“三好企业”（好人、好产品、好管理），能否潜下心来为客户创造价值，为客户提供好的产品与服务，将是决定企业能否成长的最核心命题。而要想突破性地解决这个问题，最重要的还是组织的变革和人才机制的创新。为什么这样说？有两方面原因：

一、人的因素

客户和人才需求的变化倒逼组织进行变革与创新，组织必须以客户为中心，不断激活自身，将企业中“人”的价值体现出来，并使“人”的创造力得到释放。具体来说，“人的因素”主要体现在以下几个方面：

1. 客户需求的变化。客户需求的变化促使企业、组织必须进行变革。具体来说，客户需求的变化主要体现在：

（1）客户需求的层次逐渐提高，不再沉浸于产品的使用价值，更加关注体验价值；不再追求低质低价，转而青睐高质优价。为了满足这个需要，企业必须确立自己的使命感和社会责任感，提高创新意识，更要提高人员的综合素养，将人才活力激发出来。

（2）客户需求变化加速，呈现出个性化和多样化的特点。要求企业的管理程序要更少、结构要更扁平、决策链条要更短、责任要更下沉、权利要更下放、员工自主性要更强。总之，为了快速响应客户的这一需求，组织要变得更简单、敏捷，能快速感知客户需求，合理配置资源以满足客户的需求。

（3）客户主权意识崛起，要求更多的知情权与参与权。随着互联网和移动互联网的发展，信息已经从不对称走向相对对称，组织要更加开放、更加透明，组织边界要更宽甚至破界；同时，还要实现信息的对称，让客户参与到生产决策中来。

（4）客户价值诉求不再是简单、单一的功能。过去企业满足的是客户的功能性价值，现在则是一体化的体验价值和整体的价值诉求，组织要打破基于严格分工的功能式组织结构，将内外资源整合到一起，创新客户价值，重构客户价值。为了满足客户一体化的价值诉求，企业要整合资源，打造平台化组织，构建新的组织生态。

2. 人才的变化。人才的变化主要体现在以下几个方面：

（1）知识型员工成了企业价值创造的主体，拥有了更多剩余价值索取权和话语权。这就对组织的治理提出了全新要求。为什么要提出“人力资本创新驱动阶段”这一概念？因为人力资本和货币资本已经真正进入到了相互雇佣的共治时代。

（2）个体力量的崛起改变了组织和个人的关系。在互联网时代，通过创新，小人物也可以成就大事业，小能量也能够聚集起大能量场，因此组织想要去中心化、去威权化，想要实现责任下沉、权力下放，就要尊重个体的力量，激发个人的创造潜能；要将组织与个人的关系从雇佣关系变为相互雇佣、共创共担共享的合伙人关系。

（3）互联网与个体力量的聚合，可以催生出新的价值创造方式、新的价值创造网。如今，通过互联网连接，人与人之间已经能够实现平行协同，资源可以得到共享；组织通过平台赋能，通过项目制，可以让精兵自主作战，让真正有能力的人超水平发挥。连接交互的力量让个体能量聚集起巨大的能量场，倒逼组织必须变革。

（4）人才的需求层次提高，参与感增强，对个性的尊重、机会的提供、赋能与发展空间提出了更大更高的要求，组织只有变革创新，才能适应和满足人才的需求变化。

二、技术因素

如今，技术革命和互联网、数字化、大连接、智能化时代已经来到，技术革命重构了组织与人的连接关系，为组织模式的创新提供了技术基础平台。在全球范围内，中国的数字化、大连接和智能化应用的发展速度是最快的，企业必须关注到这一大势所趋。

借助于数字化、网络化、智能化，企业不仅能弯道超车，更能实现变道超车。要想打造数字化的组织，要想提升组织数字化的生存能力，就要确立数字化的战略，提升数字化的领导能力，要依据数字化进行组织和人的关系重构。

随着人工智能创新性的应用，大量无人虚拟性组织陆续出现，比如，京东的立体仓库、青岛港的无人码头、富士康的无人工厂等。同时，未来的财务职能、人力资源职能还可能被机器人替代 80% 的工作，这些都将改变组织的生产作业方式和人与人之间的协同方式。所以，提升人工智能的驾驭能力，重构组织与人才机制，是组织变革面临的核心问题。

未来，组织变革、进化的基本内容是“四去”：一是去中介化，使组织扁平化、平台化；二是去边界化，破界、混界、跨界，形成产业生态；

三是去戒律化，让员工自主创新；四是去威权化，要将组织与个人的关系打造成一种合作伙伴关系，一种平行协同关系。

组织管理赋能必做之事：构建日常管理体系

一、组织为什么要赋能？

组织赋能的原因不外乎有这样两个：

1. 环境要求赋能。这是一个充满易变性、不确定性、复杂性和模糊性的时代，企业运营和组织管理方式面临着巨大的挑战。复杂的外部环境意味着，企业赢得竞争、获得成功的各种因素更加相关，任何微小变化都可能导致结果的改变。在多变的环境中，管理者不可能立刻、全面地感受到各种市场要素的变化，不会快速做出正确决策。因此，企业要想走得更远，就要重视一线员工，让员工主动决策，及时有效地以最新、最佳的方式满足客户需求，创造客户价值。在这样的背景下，组织必须进行赋能。

2. 实践推动赋能。企业面临着巨大的生存和竞争压力，需要充分发挥创意精英等人力资源的能动性。不同企业的赋能实践体现了不同的特点，比如，京东建立了“客户导向的平台架构”，以客户需求为出发点，改革组织运作模式，重点在授权前移：打通所有的人才联系渠道，把前台客户需求从一个个工作分解成一个个任务，通过任务管理平台将任务开放给公司内的所有人。员工可以跨越部门界限，在公司范围内自由组队，以任务团队身份比拼，领取并完成任务，获得评价和奖励。海尔的“人单合一”也是这样体现赋能理念的：通过企业平台化把企业从传统的科层制组织变为共创共赢的平台；通过员工创客化把员工变为主动为用户创造价值的创客和动态合伙人。

二、构建日常管理体系的核心

要想构建日常管理体系，就要做好五件事情：

1. 打造基于团队的组织结构。大企业一般都规模大、人员多，形成了等级森严的科层制组织结构，在应对复杂的外部环境时，显得比较笨拙，总会遇到企业从边缘逐渐壮大并颠覆原有格局的危机。由此，企业规模大与调整适应能力差也就成了无法调和的矛盾。为了克服大企业病，企业就要积极寻求高效执行关键任务的团队，打造基于团队的组织架构，其核心是将小团队优势发挥到大企业中。具体方法是：打破森严的层级架构，减少管理层级，促进组织结构扁平化，改变信息的流向，使之从单向的自下而上或自下而上变为网状方向；下沉决策权力，赋予一线团队“开火”权，让他们自己调整适应；打造一个企业平台，为员工提供竞争舞台，建立内部竞争机制，直面市场，将市场压力和经营意识渗透到员工中；突破部门、专业的深井，建立一种跨部门、跨团队的联系，建立互信、目标共享，将团队真正融合成一个整体。

2. 领导积极赋能下属。上级领导者对员工的影响最直接，组织赋能的职责自然要落实到领导者身上。在授权赋能的组织内，领导者对员工的指导比传统的层级组织要多，会将更多的选择权授予下属，能将团队建设、人才培养、绩效辅导等工作提升到一定高度。具体方法是：创造激动人心的愿景并赋予其意义，激励员工认同该愿景并为实现它而努力合作；根据员工的不同成熟度实施权变式领导，采取“双眼紧盯，双手放开”的策略，提高领导行为的有效性；善于智力激发，借助授权、参与、群策群力等方法引导下属创新思维，鼓励他们挑战自我，积极成长，并激发和整合所有员工的智慧；有爱才之心，关怀下属的个性化成长，鼓励员工应对变革和挑战；为员工提供一定的工作指导，创造并维系良好的团队工作氛围，同时为员工提供资源保障、信息透明、良好协作等支持。

3. 提高员工的动力、权力与能力。员工是组织赋能的客体，也是发挥能量的主体，因此赋能的最终落脚点要放在员工身上。如此才能让员工感受到组织赋予的能量与支持，激发起内心赢得竞争的动机，提高其创新与学习能力，而这也是成功赋能的关键。具体来说，要做到下面几点：

（1）给员工施加一定的压力。授权赋能，既要给员工更多的信任，同时也要将高绩效、快速成长、果断决策的压力传递给员工，促进员工成长。

（2）激励员工。激发员工内在的工作动机，使员工认识到自己是受到组织信任和重视的，相信自己能够胜任当前及未来的工作。

（3）辅导与培训。授权的前提是员工具备相应的能力，能够合理支配权力，做出科学决策。企业在授权赋能的同时，还要加强对员工系统的培养与培训，建立一套与各层级胜任素质模型相匹配的培训开发体系，努力提高员工能力，更大地发挥赋能的价值与作用。

4. 有效地进行沟通。人的意识是能动的、有力量的，语言是意识传递的载体，虽然无形，但能发挥出巨大的作用，是人与人能量交换的重要方式。在人类的感觉中，语言是最适合交流的一种方式。交流使双方相互作用，主要体现在赋能、降能与失能，与他人交换是显能，是外循环；与自己交换是潜能，是内循环，而沟通交流重要的是赋能而非降能、失能。

赋能交流需关照的是观察与感受、需要与请求，具体要求是：

（1）要客观观察，不能混淆了观察和评论的概念。

（2）要清晰地表达内心的感受，当需要得到满足时，感受是兴奋、喜悦、甜蜜、兴高采烈、快乐、感动、愉快、心旷神怡等；当需要没有得到满足时，感知是害怕、担心、焦虑、心神不宁、心烦意乱、苦恼、生气等。

（3）正确表达对感受的看法。感受通常有四种反应：自责与反驳，接纳与需求。如果忽视了感受与自身的关系，一味把不良感受归咎于对方，容易让对方感到自责和内疚；反之，如果从自身出发，正确表达需求，就容易获得对方的接纳，很多问题就会迎刃而解。

（4）请求要具体，目的要明确，及时了解对方的反应。

5. 上下同欲，思想一致。想要从管控到赋能，组织上下就要保持思想的一致，不能跑偏，要有明确的追求。这是日常管理体系必须做到的事情。如果不愿意做或者做不到，就只能靠制度、规范、约定和流程来进行管控。

总之，企业要在员工与组织之间共建一个释放创造力的共享平台，在此共享平台中，最重要的是“从命令控制式”管理转向“授权赋能式”管理。有的组织体系比较大，有很多刚性要求，但只要找到更强的信息平台和企业文化即可。

以变应变：重塑赋能型组织，打造赋能型平台

谷歌创始人拉里·佩奇认为，谷歌的与众不同源于公司上下对自主思维方式的尊崇。这种思维方式，虽然让公司遭受过一些惨痛失败，但最终却成就了谷歌最伟大的成功。从在线搜索引擎，到电子邮箱 E-mail，再到

开源操作系统安卓，谷歌都坚持从基本物理原则出发探索任何的可能性，即使遭受了他人多次“不可能”“痴人说梦”的嘲笑，也不放弃，由此反而快速成长起来。

拥有自主思维方式是优秀企业创始人的共性，谷歌的不同之处到底在哪里呢？谷歌没有将自主思维模式局限于公司的创始人或少数几个高层管理者，而是不惜花费大量精力招揽善于独立思考的一流人才，让自主思维方式遍布公司的每个角落，实现了这一思维方式价值的最大化。

谷歌相信，招揽足够多的一流人才，赋予他们足够大的梦想，让他们的思想碰撞融合，必然可以激发出伟大的创意和成果。即使跌倒，也能从中得到宝贵的教训。为了实现更多的“不可思议”，谷歌把领导者的首要职责定义为：重设管理原则，创造并维持一种工作环境，为创意精英提供茁壮成长的沃土。简而言之，就是赋能，为创意精英赋能！

谷歌的赋能原则没有停留在制度文件里，而是淋漓尽致地体现到了公司的方方面面：营造根基扎实、深入人心的企业文化，制定面向未来、拥有坚强支撑的战略构想，把招聘人才作为管理者最重要的工作……所有一切，都吸引了更多的一流人才进入公司；杜绝金字塔式的组织结构，舍弃八股文式的战略执行计划……所有一切，都让一流人才绽放出了最美的创意之花；创造创意无处不在的工作环境，构建畅通无阻的沟通渠道，给予一流人才超出常规的回报，让一流人才结出丰硕的创意成果。

未来新生代的员工对组织的要求是什么？宁可失业，也不会让他人忽视了自己的价值；喜欢参与，不喜欢自外而内的灌输与命令。只有尽可能实现这种要求的组织，才能留住和沉淀优秀人才。也就是说，未来企业最重要的功能是赋能，而不是管理。只有赋能型企业，才能适应智能化时代的变化，也更符合新一代年轻员工的需求。

管理型平台和赋能型平台的区别在哪里？管理型平台是正金字塔结

构，决策权在上面，员工强调的是执行力，所以传统型企业，谁的执行效率高，谁就能获得相对优势。而赋能型平台是个倒金字塔型结构，决策力前置，指令不是由管理层发出来的，而是由员工层发出，管理层的主要工作是落实指令、整合资源。因此，决策力能前置，员工能获得尽可能多的决策权就是赋能型平台的本质。

那么，究竟如何才能打造赋能型平台呢？首先，赋能型平台的全员参与程度要比管理型平台高；其次，以精细核算作为核心指标，培养员工的目标意识；再次，组织内部做到高透明度；最后，信息沟通做到自上而下和自下而上的结合。

一、内部赋能

标准的正金字塔型的公司通常由四个部门组成：产品研发部门、供应链（采购）部门、销售部门和行政部门。其中最核心的部门有三个：研发、销售、采购。比如，各部门分别有 10 个人，一共 30 人，如果将这 30 人打散，变成 10 个小组，每个小组都要囊括三个部门的人。变成小组后，总监、经理、主管等管理层就没有了，只是单纯的十个小组。这样的结构，优势主要体现为三方面：

1. 责任更分明。比如，三人小组去年完成一百万元，今天公司会分别跟他们沟通，提前限定两个指标：毛利率不低于 50%，库存周转率不低于 5%。比如：设定了 250 万元的销售目标，就是他们的责任，只要确定了这个数，系统就会配给他们 125 万元，他们就可以去谋划具体的钱财使用了，但最终要卖出 250 万元。

2. 权力更多。赋给小组五大核心权利：第一是开发权，也就是开发什么款式，三个人要一起商量；第二是产品的尺码和库存深度，自己定；第三是定价权，即产品卖多少钱由他们定；第四是参加活动的权利，比如

“双十一”时，可以从十款商品中选出四款参加“双十一”，具体参加什么活动自己申报；第五是什么时候打折、打几折，自己定，公司不管。企业的经营决策权基本上就是这五项内容，这些权利都会被下放到小组。当然，三人小组拥有除了上述的五大核心经营权外，还拥有自由组合权和服务监督权。

3. 利益分配清晰。利益的公式非常简单，即：利益＝销售额 × 毛利率 × 提成系数。提成系数是固定的，比如:100万元提7%，100万 ~ 300万元提6%，300万 ~ 500万元提5%，等等。各小组第二天就能知道昨天应该拿多少奖金或提成，以天为单位，不做人为干预。

二、自由组合权

很多年轻人为什么喜欢玩游戏？因为游戏有积分和等级，参与者会进入一个亢奋状态。同样，在企业中，虽然不鼓励加班，没有加班费，但是员工知道自己努力一些，产品就可以早点上架，就能获得好的排名，取得马太效应的竞争优势，因此就能将昨天销售排名列出来，把一项枯燥的工作变成游戏。

各小组的奖金分配由组长决定，如果业绩好的小组拿到1万元奖金，组长会自己留5000元，剩下两个人每人2500元。业绩最后一名的小组只能拿2000元奖金，组长自己不要，分给其他两人每人1000元。可是，这两个人会怎么想？我跟着你才拿1000元，还要买你的人情，我不想跟你干了。而分到2500元的两个人也会觉得，凭什么组长拿一半？于是，也想分家。所以，在制度上要允许员工自由组合，甚至允许一人小组的存在。一人小组互相交流，也能重新组合成两人小组或三人小组，总之，就是要让资金不断地分裂、重组和优化。

与之相对应，也可以建立自由离婚制度。离婚最难的是什么？是财产分割。比如，三个人有一百万元的货，里面有好卖的，有不好卖的，一旦有人想独立，多半都想将烂货分给其他人，但是其他人也想拿好货，于是就要提前规定好离婚的规则：什么样的货带 1/3、带走什么货……完全都要按规则办事，没有讨价还价的余地。

设立独立的运营管理组，任何一个小组对服务部门产生不满，都可以直接投诉到运营管理组，运营管理组会立刻介入调查，进行处罚。比如发货，本来应该一个半小时拉到仓库，司机居然用了两个半小时，小组长就可以提出严重抗议，立刻调查：司机是不是开小差，中间回了趟家？在三人小组中，组员可以随时走，组长受到任何的不公平待遇都可以说出来，组员就会觉得跟着这样的组长干，受益更多，不被欺负。

三、多品牌赋能

在韩都衣舍，排名前 10% 的小组，有资格做自己的品牌，不管是内衣、大码女装，还是童装品牌。然后，公司会给小组配不超过五百万元的资金额度，供其创立那个品牌。品牌正式运营六个月，如果能够活下来，就可以认定创始团队。这时候，公司跟创始团队会有个约定：销售额超过一个亿，税后净利润超过 10%，给品牌办成人礼。办成人礼后，除了奖金、正常提成外，团队还可以拿到税后净利润 30% 以内的分红。

此外，销售额达到一千万元的规模后，就可以做子品牌。成功孵化出了两个五千万元以上的子品牌，就会成立一个独立公司，拿到不超过 30% 的股份，成为这个品牌的股东。最后，公司就成了一个真正赋能型平台，由小组到品牌，每个品牌里都有若干小组，指令还是小组发出来的，但可以共享企业平台。

最近几年，韩都衣舍已经创立了很多品牌，有流行的，有小众的，有成长快的，有成长慢的，但是每年都会不断涌现出新的品牌。

再来看凤凰花开高考工作室，它是凤凰花开教育科技有限公司旗下，以学生高考个性化辅导为核心业务的品牌服务机构。经过九年的发展，凤凰花开高考工作室已发展成为深圳市独具一格的最具影响力的高考服务机构。

让学生高考成绩人均提高 100 分，是凤凰花开高考工作室的奋斗口号和社会承诺。很多学长感叹，如果自己当年高考能多考 100 分，清华北大都考上了。

人均提高 100 分，真的可以实现吗？下面仅举两个经典案例。

经典案例一：由平时 500 分到高考 670 分，时间仅用了 10 个月。

深圳中学某学生，高三时期，每次大考成绩都在 500 分左右，总分排名在年级后位，理综曾在班上倒数第一，成绩 170 分左右。一般人的应考思维是先速补理综，但凤凰花开高考工作室教练团队给出的策略方案却是：培本固元，先狠抓语文的作文、英语、数学，由名师团队按状元标准培优。这样，几个月下来该生的语数外三科成绩迅速提高，成为“霸王学科”：英语稳定在 140 分左右，语文稳定在 125 分左右，数学稳定在 130 分以上。有了“霸王学科”做保障后，再开始全力培优理综，于是，理综一路稳步上升，最终高考达 273 分，物理获得高考满分。该生当年高考总成绩 670 分，顺利考取了中国科学技术大学。

经典案例二：艺考成绩从 213 分到 418 分，时间仅用了 3 个月。

深圳菁华实验学校某艺考生，广东一模考试总成绩 213 分，其中英语仅 40 多分。凤凰花开工作室给这考生制订了高考专案：先强攻语数外，再力补文综，并由工作室语、数、英名师团队协力辅助，经过 3 个月时间艰苦努力，协助孩子完成所有复习计划，最后高考总分获 418 分，3 个月提升了 205 分，其中英语单科 92 分，3 个月提升了 50 多分，被其亲朋好友传为神话！

凤凰花开高考工作室是如何给学生赋能的呢？

1. 高考目标规划。指导考生按自己平时成绩提高 150 ~ 200 分来规划自己梦寐以求的大学。目标的合理策划、分析和设定，让孩子具有清醒的目标，保持一定的兴奋度，潜能就会被有效地激发，从而唤醒孩子心中的小巨人，引爆他的小宇宙。

2. 学习策略制订。高中学习过程中，一般说来每个孩子都会感觉到苦和累，甚至是疲惫不堪。在轻松、快乐的状态下考出理想的成绩，是任何一个孩子和家长所期待的。因此，在相同的时间里，只有合理安排学习任务，采用科学的学习策略和学习方法，才可能有高效的学习效率和成绩。具体做法是将全年的大目标拆分为若干小目标，分段之后，按主次、轻重缓急的优先顺序，进行合理规划和安排；将学习、娱乐、运动、自我爱好进行科学有序的组合，让学生轻松愉悦地学习，从容自信地迎接高考。

3. 学习方法探究。高效的学习效率，要借助于良好的学习心理和科学的学习方法。首先，健康的体魄和健全的心理是学习取胜的保障，因此，教学过程中，要特别注意增强学生对高考目标充满信心，如果满怀自信、精神饱满地去学习，效果自然更佳。同时，请名师们介绍各学科的学习方法，并指导学生制订一套适合自己的学习方法，让他们不断试验、总结和改进，这样，就一定会收到事半而功倍的效果。

4. 高考教练赋能。奥运冠军都是有教练团队的。高考中，学生相当于运动员，要确保能在高考中胜出，拥有一支经验丰富的教练团队十分必要。凤凰花开教练团队，独创高考全流程学习项目管理系统，可以全面有效地激发孩子学习动力。在目标规划、时间管理、学习策略、学习心理、学习方法等方面，形成了一套独特的系统，并结合“六步循环学习法”（预习、上课、回顾、作业、错题研究、归纳总结）综合实施。同时，也注意在饮食、运动、亲子关系等方面给予全面关爱和全程关照。将孩子交到教练组手里，就等于交到了一个由主教练+语数英名师构成的赋能组织，学生得到了这个组织的热切关爱和强力支撑，其高考应考的智能和成绩一定会迅速飞升!

赋能组织管理模式的关键词——赋能

未来组织需要什么样的原则？答案就是赋能!

一、赋能是什么?

国内最初刮起“赋能”之风，源于阿里巴巴总参谋长曾经说过的一句话：“未来组织最重要的功能越来越清楚，那就是赋能，不再是管理或激励。”简而言之，在未来的组织管理中，最核心的价值其实就是如何去赋能和激活人。

所谓“赋能”就是，给谁赋予某种能力和能量，也就是说，虽然你无法做到某件事，但是我却使你能。这个最早出现在心理学中的词汇，如今含有了“通过言行、态度、环境的改变给予他人正能量”的要义。

在管理学中，“赋能”指的是企业由上而下地释放权力，尤其是员工自主工作的权力，通过去中心化的方法，驱使组织扁平化，将个人的才智和潜能最大化地发挥出来。比如，2016年京东提出了“授权、赋能、激活”管理主体，这里的“赋能”就是赋能于人，让工作在一线的员工决策，让更多的优秀者脱颖而出。

二、赋能，要将权力下放

如同军队的小作战团队，必须授权明确前线 3 人一小组，包括一名信息专家、一名爆破专家、一名战斗专家。

信息专家。主要负责搜集敌方信息、天气信息、地形信息等。之后，将信息传递给爆破专家。

爆破专家。计算到底从哪儿打好？比如：从空中打，从海上打，从地面上进攻……通过比较找到哪个最经济、哪个效果最好、用多少炸弹，以便精确打击。

战斗专家。拿枪打仗，保护信息专家和爆破专家。

这就是现代战役的小组模式。只有缩小作战单元，让处于前沿阵地的人来指挥战争，提升一线的综合作战能力，才能更加灵活机动的应对事情的不确定性。同样，只有让员工真正参与组织的经营管理，员工才会积极主动地实现目标；只有在赋能型组织中，员工才会自动自发地去创意、创新和创造。

如今，对于事情的干扰越来越强，意外发生概率越来越大，企业急切需要变革。公司必须依赖员工做决定，很多事情出现后，并不存在常规的应对方式，企业不能固步自封，要积极创新，赋予员工使用权力的机会，将权力向下延伸。

接受某个事实时，多半都会出现偏离计划的事情，需要提升自己的能力来应对。因此，必须将权力赋予组织成员，允许他们各行其是。在这个多变的时代，存满了无数的可能性，无法进行有效的事前规划，就要让习惯于赋能。

三、未来企业需要的是赋能

强管控型的组织外在表现非常明显，主要有：公司的规章制度非常严格、上下班需要按时打卡、组织架构森严、做个决策需要层层汇报、上级对下属的控制欲很强、有体系化的 KPI 考核、喜欢看员工的工时长短、各种会议和汇报比较频繁等。在强管控型的组织中工作，员工不仅会增加很多工作以外的压力，还会感到身心不自由，尤其是对于一些创造力比较强的员工，在工作创新的积极性上还会受到很大影响。

当然，并不是说这种组织就一无是处，很多企业依然需要依靠这样的管理，比如制造业等劳动密集型行业就是如此。劳动密集型的行业，大部分员工的职业化素质都不高，他们工作的性质都是螺丝钉式的“点”化工作，工作时间等于工作输出，不采取强管控，不制定严格的制度，庞大的组织就很难运转起来。

而赋能型组织也并不是完全没有公司规章制度，也不缺少基本的管理方式，只不过在组织的作用上更重视为员工赋能。比如，在强管控型的组织中，事成之后会对员工进行利益分享，做得好就有奖励；但是赋能型组织则是要激发员工的创造力，激励他们去完成更有挑战型的目标。

赋能型组织致力于给员工打造更为宽松的工作环境，为他们创造可以展示自己才能的舞台，员工在整个过程中能够感受到自己的价值，这本身就是一种激励。这时，既不需要严格的监控，也不需要机械地分配任务，只要根据员工的专长、兴趣、能力以及客户问题，进行合理的工作分配即可。

同样，虽然强管控型的组织适用于人数众多的劳动密集型企业，但并不意味着员工众多的企业就一定要采取强管控型组织。因为很多企业有上万甚至十几万员工，但本身并不是劳动密集型行业，而是高新科技、需要不断创新的企业。员工的工作不是机械的“点”化任务，需要解决的是“面”化问题。因此需要将庞大的组织结构尽可能划分成小单元，让优秀人才尽可能在一起合力解决问题。

在传统的组织结构中，团队都是按照相同的工作岗位来划分的，同一个团队中的员工岗位工作、技能基本上都相同，然后有优秀的、一般的、较差的员工等差别，还有新人、老人等搭配。而新型的组织结构则会将最优秀的、不同岗位和技能的人集合在一起，让他们去解决最困难的任务。所以，未来的趋势就是优秀人才聚在一起，如同组队打游戏，如果技能装备太差、等级低，可能都没人愿意加入团队了。

企业把创新作为自己的目标，在任何场合都强调创新对企业发展的作用，要求团队把创新作为工作重点，灌输型的宣导作用并不大。组织结构不支持这种对创新的要求，就无法让企业形成创新氛围。

赋能型组织更强调文化的作用，很多欧美优秀的企业总能不断创新，如谷歌，就有着很强的以创新为导向的企业文化，并不强调奋斗、奉献、拼搏和吃苦耐劳精神。并不是说奋斗拼搏不管用，而是因为仅靠这些是无法实现创新的。

四、把赋能这个原则用到日常的工作中

日常工作中，赋能的运用，要从这样几方面做起：

1. 文化真的很重要。在这个大变革的时代，需要相信自己的文化，需要以布道者的心态去传播、去吸引真正志同道合的人走到一起。比如：阿里巴巴合伙人制度本质就是志同道合，大家有着相同的理想和愿景。

2. 找到合适的人。只有合适的人进来了，才能吸引合适的人，因此要将精力用在开头。赋能型组织中，管理不再重要，自激励成为创造者的一个典型特征，所以要找到合适的人。比如，谷歌创始人在很长时间内都坚

持自己面试每一个工程师，后来公司太大实在做不到，转变为审核每一份雇佣合同。

3. 多花费精力。过去高管的大部分精力都用在管理和盯人上，几乎没人会花时间去想如何才能提供一个平台，让员工进行更多的互动甚至跨界交流，让团队产生更好的创造力。

总之，工业时代基于科层制管理的公司制度正在逐渐丧失生命力，而在创造力时代基于赋能的组织创新，却是面向未来管理的基本逻辑，也是大家在未来最需要努力的方向。

第二章

重新分配权力的赋能组织管理模式

赋能型组织下新的权力结构和价值观

高赋能组织管理模式是一种不可抗拒的趋势，会让那些勇于尝试的组织率先获益，并以星火燎原之势产生越来越大的影响力。企业要重新分配权力，通过赋能员工，激发组织活力。

什么是权力？一种普遍被接受的说法是：权力是引起他人或团队采取与原来不同行为的力量。在管理实践中，特别强调权力的目的，需要根据目的来分配权力。对于组织来说，权力的目的是为了完成组织目标，解决出现的问题。因此，如果权力的分配偏离这个目的，就要反思权力的分配是否合适、是否需要做出调整？

在传统科层制组织中，管理者和被管理者之间泾渭分明，权力主要集中在各级管理者手中，而且层级越高，权力越大。组织的决策和行动按照组织层级，自上而下地驱动，这就是所谓的中央集权组织管理模式。在经营环境比较稳定的年代，这种模式确实发挥了重要作用。可是，随着时代的发展，如果依然按照这个模式来管理组织，在决策和行动中就会发生错误，或贻误战机。

在当今时代，组织要快速响应环境的变化，就要加大创新力度。员工对业务、市场、技术越熟悉，其决策和行动对组织发展越重要。华为的任正非对此有个形象的说法，就是要让“前方听得见炮声的人呼唤炮火”。也就是说，组织要放松甚至放弃中央集权的组织管理模式，要跟熟悉业务、市场和技术的员工分享权力，把自下而上的力量充分发挥出来。

近些年来，有一种管理思潮认为，为了应对多变环境，为了满足不断创新的要求，管理应该采用自组织的形式。比如，费雷德里克·莱卢在《重塑组织》一书中，详细介绍了世界范围内采用自组织管理模式运作的、不同行业的 12 个组织。自组织管理模式的核心思想是，没有管理者，组织依然能得到不错的管理。而且，权力被分散到各岗位上，被嵌入到组织流程、协调机制中，员工拥有更多的自主性，更能迸发出工作热情。

虽然员工都认为传统的科层制需要变革，但是如果想一下子从传统的科层制转变为自组织管理模式，似乎过于激进，如果结构、制度和文化等方面的变化太大，很多组织都会吃不消。如此，就需要一种介于传统科层制和自组织之间的管理模式——高赋能组织管理模式。

一、高赋能组织管理模式

所谓高赋能组织管理模式，是指帮助员工建立使命感，授予工作的自主权，增强员工能力，充分调动员工工作的积极性。这种模式的关键词是赋能，核心思想是减少自上而下的控制，让员工拥有更多的权力，拥有更多的决策和行动的自主空间。具体来说主要包括以下三个方面：一是赋予员工正式的权力；二是提升员工能力，与正式权力匹配；三是信息开放透明。三个方面对应着权力的三个来源：法定权力、专家权力和信息权力。这三种权力是最基础的权力来源，而其他权力来源，如奖赏和惩戒权力，则是从法定权力衍生出来的。

管理模式要建立在某种组织结构上。这里有两幅图，图 1 就是传统的组织结构，可以发现里面存在的问题。图 2 是高赋能组织的结构。如下所示：

图1　传统的组织结构示意图

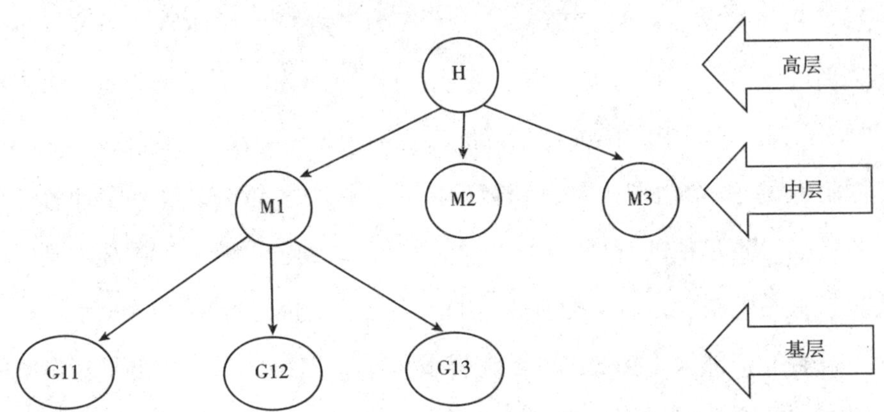

图 1 是一个简单的组织结构，共包括三个传统的层级：基层、中层和高层。这种结构明确地反映出了权力关系。H 指挥和控制着 M1、M2 和 M3，M1 指挥和控制着 G11、G12 和 G13。在这种权力结构关系中，M1 会感到被 H 压制，而 G11、G12 和 G13 会感到被 M1 压制。而且，基层（G11、G12 和 G13）和高层 H 之间的互动很大程度上依赖于 M1，M1 扮演了重要的中介角色。如果中介角色扮演得好，组织的上行下达通畅，表现出的执行力就强；如果中介角色的行为偏离了组织目标，会给组织的运作带来大麻烦。

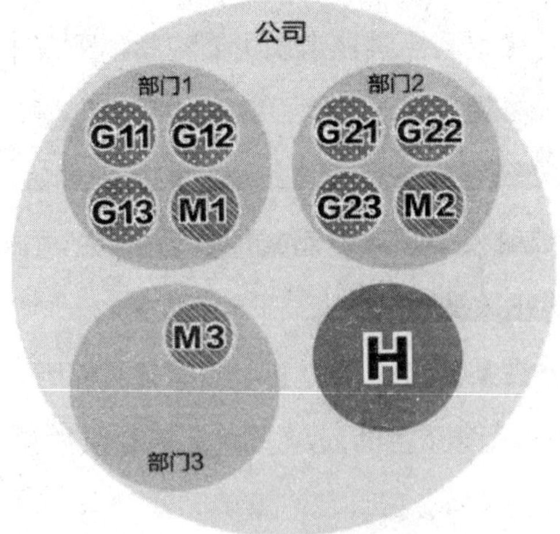

图2　高赋能组织结构示意图

跟图 1 相比，图 2 最大的变化是重新对权力进行了分配，不同岗位的权力被放到了同一个平面上。以部门 1 为例：M1 虽然依然是部门负责人，但职责是保证部门 1 的目标有助于实现组织的大目标，负责部门资源的分配，协调 G11、G12 和 G13 的工作，不能指挥和控制 G11、G12 和 G13。比如，当部门 1 接到一个目标任务时，如果 G11 最熟悉这个目标，那么 G11 就具备行动的决策权，M1 要协调各种资源给予支持，帮助部门 1 实现这个目标。同样，H 的职责是协调部门 1、部门 2 和部门 3 的工作，而不是指挥和控制 M1、M2 和 M3。接到一个业务时，如果部门 1 最熟悉，那么部门 1 就有更多的发言权，H 则要协调各种资源给予支持，帮助完成这个业务。

图 2 中依然存在层级，但不同的层级是以一圈套一圈的方式出现的。高赋能组织并不否定层级的必要性，因为通过层级组织人群，已经是经过千百年检验的有效组织方式。但是，图 2 中的权力结构发生了显著变化。由于权力来源发生了深刻的变化，高赋能组织减弱了管理者的指挥权，把控制权分散到各岗位的岗位职责和组织体系，突出了协调权和激励权。

为了建立高赋能的组织管理模式，就要采取下列行动：

1. 建立使命驱动、开放透明的语言体系和文化体系。

2. 分散或减弱传统管理者的权力，把权利赋予更多的人。

3. 更新组织结构和岗位，动态迭代，明确职责。

4. 引导员工不断提高能力，建立 T 型、斜杠型等新的员工能力发展路径。

5. 引导员工成为工作的主人。

二、新的权力结构和价值观

权力是人类群体运行的核心概念，如果想了解一个群体是如何现实地运行的，就要知道该群体的权力结构如何设置。为了激发起群体新的动力，适应新的价值观，就要不断地更新权力结构。

高赋能是一次权力的重新分配，不是授权，而是分权。授权是暂时的，管理者可以随时授权给下属，也可以随时收回来。分权是把权力正式移交出去，交给最“内行”的人，让他们来管理。虽然事业部组织、矩阵组织都带有分权的特征，但是科层制的基本构架并没有改变。高赋能组织管理模式突破了科层制的基本构架，通过重新分配权力来激发组织活力，为组织其他方面的变革和创新奠定了基础。

这种新的权力结构和什么样的价值观对应？答案是，尊重人的独立自主，帮助员工实现能力的发展。在社会发展进程中，员工普遍追求两条价值观：第一条是随着员工的成长，都希望能得到尊重，能够自主决策，能够选择自己的命运，不想被胁迫、被恐吓；第二条是人的潜能巨大，需要很好地开发，不能人为地设置限制。激励人的同时，也要有一种人为的限制，因为任何人都会到达一个自己无论如何都上不去的行政职位。

高赋能组织管理模式强调提升人的能力，能够把员工的注意力引导到纵向和横向能力的提升上来。能力发展是没有限制的，完全可以在这条路上永远走下去。采用高赋能组织管理模式的组织，顺应这样的发展趋势，就会具备持续的生命力。这种新的价值观，对新生代的员工更具有吸引力。企业要敢于迎接变化，重新分配权力，通过赋能员工，激发出更大的活力。

建立使命驱动、开放透明的语言体系和文化

语言，既是思维的工具，也是文化的重要载体。如果想改变员工的思维和文化，就要先改变语言。不断地使用一种语言，包括一些用词，就会逐渐形成和语言联系在一起的思维和文化，因此组织要建立使命驱动、开放透明的语言体系和文化。

要想让员工长期保持积极向上的状态，就要通过愿景和使命驱动。组织需要明确一个清晰有力、立意高远的愿景和使命，协调组织中的员工一起努力，驱动他们为之奋斗。领导在愿景和使命中反映的眼界和思想深度，决定着企业可能发展到的高度。好的愿景和使命，能够让员工感受到工作的意义，尤其是谋生以外的意义。

华为公司的愿景是“构建更美好的全联接世界”。在非洲开展业务，工作环境非常艰苦，一位不到30岁的年轻人，是华为驻非洲某国的代表，他说：“在尘土飞扬的马路上看到温饱问题还没有完全解决的非洲人民拿着手机打电话时，我的内心就会产生一种巨大的成就感和自豪感，因为这个国家的通信网络是我和十几个兄弟牵头建起来的，是我们中国人建起来的！”

愿景和使命能够给人力量，让他们坚守在条件艰苦的市场前沿。

为了落实使命驱动，要让员工重视工作的改进和自我的提升。比如，美国网络电商Zappos公司不鼓励员工使用“问题”这个词，而是使用“张

力”这个词。因为“问题”这个词带有消极负面的含义，而且问题往往和问责联系在一起。管理者会在口头上鼓励下属发现问题，但是下属真的汇报了棘手的问题，他们会不高兴，甚至会觉得下属在故意为难自己，久而久之，就会形成一种消极回避的文化。“张力”是指，事情本来可以运行得更好，却没有达到理想状态，员工就会感到不适，“张力”鼓励员工积极主动地去想如何把工作做好。当然，“张力”这个词是直译过来的，也可以换成“改进点”，同样反映了内容本质。

使命驱动的文化鼓励员工不断进行思考改进、把工作完成得更好。首先，开放透明是各级员工能行使相应权力的重要基础，缺少信息，即使把权力下放或分散，拥有权力的员工也很难做出准确有效的决策。其次，开放透明本身蕴含着监督和激励的力量，比如，谷歌的每个员工都能看到其他人的绩效目标和完成情况。在团队中，不仅每个人的绩效目标公开，且还能及时跟同事分享工作进展状况。这种开放透明的方式，既满足了保持沟通和协作的需要，也能很好地起到监督和激励员工工作的效果。如此，员工不仅能及时获得开展工作需要的信息，还会感到公平性更高。

公平性主要来自于：第一，信息公开，管理者需要更负责地做出和人员管理有关的决策。比如，对下属进行考核时，所有的员工（包括上级）都能看到各自承担的目标和任务完成的结果，管理者要客观公平地对下属的工作成果做出评定。第二，企图偷懒的、搭便车的、浑水摸鱼的员工，在公开透明的工作氛围中，会感到压力很大。

开放沟通文化，以明确和具体的沟通作为行为特征，如何理解这一点呢？

1. 解释说明。企业目标和计划的沟通，很多时候是伴随着解释说明的，仅限于从上到下的单向沟通。解释说明战略、目标和执行计划能够让全体员工的行为更加对齐，有助于发现目标和计划中存在的问题。

2. 日常工作知会。日常工作的沟通多数都是主动进行交流，而不是管道式的汇报，员工会定期通报自己的工作进度以及下一步工作计划和遇到的问题。

3. 自由对话。考虑到跨部门、跨层级的情况，基层员工完全可以跟领导直接对话。

4. 公开发表意见。不仅领导者和人事经理，其他管理者和员工也能拿起话筒，向全体员工发表公开意见和建议。

5. 内部众包。组织有明确的繁重任务时，有多少情况是员工愿意主动认领任务，而不是依赖指派或者外包？

6. 统一信息平台。全员是使用统一的信息平台来沟通和记录内部信息，还是各自随意地使用各种工具和形式？

上面的每一项行为特征都可以用来进行内部评分，据此估算出企业在开放透明度方面的得分。需要特别提醒的是，开放透明的文化和创始人的行为密切相关，不能出现员工沟通得热火朝天，领导者却三缄其口。领导要发挥自己的带头作用！而且，仅发挥带头作用还不够，还要鼓励透明的沟通行为，及时纠正习惯驱动的封闭沟通行为。

分散或减弱传统管理者权力，把权力赋予更多的人

负责决策和行动而又有助于提高组织工作效能的人，都是管理者。

培训课上，老师问一位在职 MBA 学生："你觉得自己是一名管理者吗？"

学生回答说："是。"

老师接着问："你一共有几名下属？"

学生回答说："没有下属。"

老师接着问："没有下属，怎么是管理者？"

学生回答："虽然没有下属，但是我的岗位名称是大客户经理，负责公司重要客户的开发和维护，跟很多有下属的管理者相比，我在公司的影响力并不弱，对公司的贡献也很大，甚至比有些管理者的影响力更强，对公司的贡献更大。"

对于需要开发员工脑力的公司来说，员工不只是执行者，越来越像这位在职 MBA 学生所说的管理者。所以，有管理者称号的员工和没有称号的员工之间的界线完全可以消融。

自组织管理模式步子跨得比较大，取消了管理者，把传统上集中在管

理者身上的管理职能分散到各角色的职责和正式的协作机制中，可以在保留管理者称号的基础上，分散或减弱传统管理者的权力，把权力赋予更多的人。

传统的科层制中，相对于下属，上级掌握着太多的权力。可是，要想发挥群策群力的作用，这些权力需要被合理地分散出去，来调动更多人的积极性。

谷歌非常重视和信任管理者，但也会有意识地分散管理者的权力。比如，招聘员工时，采用招聘小组的方式，且直接用人的经理不会参与招聘过程，只能在公司招进的人中去选择。因为谷歌认为，部门经理受到用人压力的限制，可能会做出草率决定，更重要的是，识人用人有着较大的挑战性，仅靠某个人的决策，很容易出现偏差。如果员工由某个经理招进公司，他们就容易形成对经理的心理依赖，强化了经理在管理中的权力；而如果由招聘小组招进来，就不会产生这方面的心理压力了。如此，员工才能保持相对的独立性。

调整权力的最终目的，是让内行的人有权力干内行的事，更好地达成组织目标。在管理者把一些权力分散出去的同时，还应该赋予管理者一些权力，让他们能更及时地响应变化，做出决策。比如，GE 公司做出一项决策：各层业务经理给下属加薪时，不用等年度绩效评估结果，只要在预算范围内随时都可以加。

人才争夺战的结果，会迫使管理者的反应更迅速！下属提出不加薪就走人，如果管理者对下属说："你留下吧，等到公司有涨薪机会，给你加薪。"这样是留不住人才的。要想在留住人才方面发挥作用，就要将相应的权力交给他们。让对业务、市场、技术最熟悉的员工拥有权力，赋能才能最彻底。

餐饮企业海底捞，在赋能员工方面就做得很有特色。比如，200 万元以下的财务权都交给各级经理，服务员都有免单权。不论什么原因，只要员工认为有必要，都可以给客人免费送一些菜，甚至免掉一餐的费用。聪明的管理者都会让员工的大脑为他工作，当员工不只是机械地执行上级命令时，就成了管理者。按照这个定义，海底捞就是一个由 6000 名管理者组成的公司。

有人可能担心，如果员工能力或素质达不到要求，授予权力反而更容易造成混乱。这种担心有一定的道理，其实只要采取一些措施，就能杜绝这种现象，比如，可以建立机制，随着能力和素质的提升，让员工具有更大的权力，更自主地做出决策。比如，为了鼓励创新，美国 3M 公司、谷歌，都允许员工把 15% 到 20% 左右的工作时间自主支配。

万科总裁郁亮给集团管理层推荐过一本叫《失控》的书，作者是美国的凯文·凯利，创作于 1992 年。书中对未来的社会形态、组织模式和商业生态进行了一系列预言。郁亮认为，这部书对万科具有总结和启发的双重意义，与万科的很多治理理念不谋而合。书中很多新型的社会模式都已真实发生，如网络社会的构建、分布式组织、去中心、去层级、去专家等。20 多年前的这一系列预测，正好完美印证了今天的职场社群趋势：领导与员工的文化认同、领导与员工的伙伴关系和企业组织趋向赋权结构。

在万科的文化基因中，非常重视人，对于人的赋能与授权也无处不在。这种与生俱来的文化基因对于万科也许源于一种偶然，与万科的治理结构和股权架构密不可分：从外部条件来看，万科从创建开始就是股权分散的形态，华润作为大股东充分授权经营管理；从内部条件来看，优秀的职业经理人文化是万科品牌的基石，承载着开放式发展平台的理想主义精神，打通了传统地产行业中各层级“人”的作用。这可以体现在分布式组织理念，也可以反映在万科内部力推的事业合伙人机制。

从 2014 年开始，伴随着万科集团新的 10 年战略，立志转型成为城市配套服务商，在组织模式、内部管理机制和企业文化上，提出了新的模式和方向，即事业合伙人。这个机制在重资产大型企业中显得独特而亮眼。

事业合伙人机制的维度有三方面：首先，是股权层面；其次，是项目层面；最后，是事件层面。

在股权层面，万科事业合伙人机制的要义与当今的互联网创业思维异曲同工，即把大部分中高层管理者变成类似小股东的角色，强调共创、共担和共享，增加员工的使命感与责任感。同时，不断迭代事业合伙人机制，根据业务挑战和统筹需求，摸索出交叉持股和分层级合伙人等更加深入的管理模式。

在具体项目层面和事件层面上，万科的事业合伙人机制会根据具体的任务需求，组建临时性组织，跨部门、跨专业、跨主题。负责人的选拔不看重已有资历或关系，而是对这件事最有发言权、最了解和最有动力的人。这种组织相对灵活，能够得到后台平台的支持。

由于地域差异大，背景要素复杂，导致中国各地区的房地产情况都有很大不同。而随着万科业务层面的不断拓展和转型，所涉足的行业领域愈发分散，导致了业务相关权利、资源、人员也渐渐分散独立。为了应对这种行业背景与发展趋势，万科建立了一种机制、关系和文化，把独立作战的各业务团队在适当的层面连接起来。从实践的成果来看，分布式管理结构和事业合伙人制度确实行之有效，它切实提升了员工的积极性和晋升动力，将万科塑造成为一个动态的生态型、平台型组织。

及时更新组织结构和岗位，动态迭代，明确职责

管理的职能之一是协调员工之间的合作，让大家向一个方向努力。组织应及时更新组织结构和岗位，动态迭代，明确职责。岗位是组织结构的基本单元，职责描述应该及时更新。

岗位的边界越清晰，管理者的介入就越少；岗位责任越明确，工作效率就越能提高。因此，管理者要定期对组织内部的岗位职责分工和合理性进行回顾，及时做出调整。岗位职责要随着具体经营情况不断做出修订，动态迭代，找到目前的最优方案，以便通过不断的微调来适应环境变化。

如今，很多企业也在调整组织结构，但是因为缺少一种通过微调整来达到适应性的手段，所以通常都是在问题和矛盾压制不住了才进行调整，伤筋动骨，成本巨大。为了更好地对岗位职责进行及时迭代，岗位职责最好能模块化。

目前的岗位职责说明书中，一般都包括多个方面的职责。所谓“模块化”，就是把各方面的职责看作是一个模块，将岗位职责的迭代落实到及时调整和更新模块上。因为模块是更基本的单元，只有迭代，才能更聚焦。此外，模块化还能增加组织的灵活性。如果把模块比喻成积木，那么岗位就是由多块积木组成的。积木是可以灵活组合的，企业完全可以根据

组织的需求灵活调整岗位，围绕人的能力来组合积木，实现积木和个人能力的更好匹配。其实，只要有人做，且还干得不错，岗位就能及时调整，甚至还能打破传统上由于部门划分而造成的人为限制。

有些人认为，为了增加组织的灵活性，岗位职责的划分应该更模糊。但是，如何保证模糊的职责有人愿意承担？有些人认为，在中小规模的企业中，通过软性的企业文化也能实现灵活性。但是，相比之下，及时更新组织结构和岗位，动态迭代，明确职责，反而是一种更结构化、更普遍的方法，能够帮助中小企业快速发展到很大规模。而且，过份强调软性文化还有一定的负面作用，比如，随着组织规模的不断壮大，会滋生出不利于组织整体目标的组织政治。

如果赋能的实际运营依然以传统 KPI 来考核、管理和奖励，员工依然还会被激励机制所束缚。那么，如果不采用该种考核标准，新组织又靠什么来运行考核？领先的互联网企业充分利用了自己的技术优势来进行考核，其中最核心的考核系统就是所谓的 metrics 体系，翻译过来就是“指标矩阵”。这里,KPI 被简化为一至两个考核指标，也就是明年的销售是多少、收入是多少，并不能反映战略的真正要求。

建立T型、斜杠型等新的员工能力发展路径

对于雀巢来说，人才是业务的核心。雀巢相信，员工是体现雀巢精神的灵魂和载体，是企业宝贵的财富。作为拥有 150 多年历史的公司，雀

巢追求“让产品更优质，让组织更优化，让员工有更多的职业生涯发展机会”。

为了留住人才，雀巢设定了一系列培训内容。从入职开始，员工就开始接受不同的培训，促使他们理解业务原则、公司领导力框架等，掌握不同岗位的职工发展专业技能；此外，雀巢还设计了针对不同级别员工的领导力提升课程。为了方便员工实时培训，课程设计采用了线上线下相结合、国内和国外相结合等方式。

雀巢深知，要想让更多的人才感受不到天花板的束缚，需要设立好的培训机制，更要给员工提供成长机会，因此他们对基层、中层和高层管理者的后备培养，都做了充分计划。雀巢倡导的“人人都是领导者”，每个人都能根据个人的发展要求与公司实际需要去提升自己的领导力。

自2000年起，雀巢便启动了每批为期1～2年的“雀巢管理者培训”。迄今为止，已经有900多名具有潜能的管理者接受了相关培训，为广大员工提供了广阔的学习和职场空间。自2013年起，雀巢还和中欧国际工商学院合作，开展了“雀巢高级管理者培训”（NEXT2）项目，帮助中高层管理者具备“中国深度、全球广度”。同时，雀巢还为员工提供多种海外培训机会。

雀巢在全球有一个庞大的人才库，只要出现职位空缺，相关负责人就会到人才库中挑选合适的人才，如果有特殊需要，还会从全球人才库里寻找适合的人才。职业生涯是长期的，职场人士要想有所成就就要扬长避短，明白自己的优势，清楚自己下一步的职业生涯，机会是为有准备的人而来的，而雀巢就为这样的人才提供了广阔的舞台。

因此，组织应该引导员工不断提升能力，建立T型、斜杠型等新的能力发展路径。目前，有些组织把人当作“螺丝钉”来使用，一旦“螺丝钉”失去了价值，就不得不放弃。这种方式无法将人的潜力发挥出来，对企业、员工甚至社会，都是一种浪费。要鼓励员工发展自己的能力，尤其是多元化的技能或经验。

如何做到这一点呢？以一个部门举例，可以建立多级的技能体系。技能熟练，不仅是一种声誉，对应的薪酬也高；为了防止高技能但不干活或挑活干的情况出现，技能等级应该对应一定的岗位职责和工作量。如果岗位职责是动态变化的，岗位价值也会不断变化，并影响到以岗位价值给付薪酬的体系，否则员工就会拒绝增加职责、减少喜好或减轻职责。特别需要指出的是，如果行政管理通道上的职位越来越少，能力发展机制就会给有抱负的人提供发展空间，而且该空间比传统的行政管理通道更广阔得多。

T 型的能力发展路径是指在某个能力的基础上，有更多的横向经验，T 型中的竖杠代表某种专业能力，横杠代表多样化的经验。竖杠是基础，是一个人的立身之本；横杠代表的是人的丰富经验。因此，组织不仅要奖励能力的提升，还应该认可和奖励员工多样性的经验。确立了这样的机制，就能帮助员工理解个人能力在不同场景中的应用，有助于他们的工作适应性，有利于和其他人的合作，更能激发创新思维。

斜杠型能力发展路径强调多样化的技能，其与 T 型能力发展路径的区别在于：斜杠型强调的是横向的能力发展，T 型强调的是竖向的能力发展。

斜杠型能力发展路径有助于员工建立起多元化的身份认同。比如，一个人合理分配时间，就能同时担任不同的角色，如：售前工程师、培训经理、项目经理。按照这个思路，组织内部的部门界限完全可以被打破，每个人都能选择在两到三个部门或团队从事不同的工作。如果这些人确实掌握着多元化技能，组织就要认可他们的技能，并给予奖励。用这样的机制帮助员工建立起多元化的经验或技能，他们更容易帮助组织发现新机会，本人也更容易转型，劳动力价值的使用寿命也会不断增长，继而为企业做出更持久的贡献，减少没必要的裁员。

有人可能认为，学习型组织和培训也能帮助员工提高能力。的确如此。不过，高赋能组织更强调建立机制，引导员工主动去提高能力。高赋能组织管理模式明确指出，能力提高的目的是为了给员工赋予更大的工作自主权。

引导员工成为工作的主人、岗位的监护人

组织应该引导员工成为工作的主人、岗位的监护人。不论员工处在企业中的哪一个层次，都应该让他们把自己当作工作的主人，给岗位创造最好的发展空间。

员工把自己视为工作的主人，工作中就会更努力，也会更敢于创新。当然，这里讲的是工作的主人，而不是组织的主人，如企业主人翁精神。随着时代的发展，任何组织都很难保证雇用员工一辈子，让员工成为组织的主人不太现实。引导员工成为工作的主人，是指员工为自己的职业发展负责，为自己的使命工作，而不是把工作仅仅视为一种谋生手段。为使命工作的人，会感到工作和呼吸一样自然。同时，企业还要引导员工认识到，他们是岗位的监护人，岗位是他们帮助组织管辖的领地，他们有责任维护好领地的边界，为领地争取更好的环境。

监护人和主人的区别何在？主人有所有权，监护人没有所有权。员工应该成为工作的主人，但不能成为岗位的主人。把自己当作岗位的主人，就会拥有一种岗位所有者的想法，会本能地抵制岗位变化，组织的变革就难以进行。这一点对于企业家同样适用。越能将企业视为独立于自己人格之外的事业，越能成就基业长青的企业。

当然，要想鼓励员工成为工作的主人，就要使他们放心地提出改进岗位工作职责、与其他岗位的协作流程和方式的建议，并有权力去实施。每个人都不需要替别的岗位操心，只要专注于自己的岗位利益和团队利益即可。作为管理者，应该引导下属在工作中形成这种“跳出画面看画”的思维，应该为下属的独立和成熟感到自豪。一定要记住：当下属变得独立和成熟时，管理者本人也就有了提拔的条件。

绩效管理可以引导员工成为工作的主人吗？能！谷歌实施的 OKR（目标和关键结果）管理就做到了这一点。

在 OKR 管理中，员工的绩效目标不是从上而下被摊派的，而是在思考自己的岗位如何帮助团队达成目标的基础上，跟上级相互协商制订下来的。组织会鼓励员工制订富于挑战性的目标，什么是富于挑战性的目标？比如，某个员工制订了 5 个季度目标，季度末完成了 3 个，有 2 个没有完成，完成率就是 60%。谷歌认为，员工完成率在 60% ~ 70% 是正常的；如果 100% 完成目标，说明目标没有挑战性。当然，如果完成率低，说明努力程度不够。

每个人的目标在公司内部是公开透明的，季度的目标完成情况和平时的薪酬没有直接联系。如果员工非常努力，在年末通常更能拿得出证明自己贡献的业绩证据，得到好的评估结果。相反，如果员工只是为了完成任务而制订了保守的目标，即使目标全部完成了，也不能在年末获得好的评估结果。

如何引导员工有岗位监护人的意识？需要在岗位和人之间保持一定的独立性。一方面，应该让员工意识到，岗位是不断变化的。另一方面，应该让员工感到，岗位的变化不会威胁到他们在组织中的生存。当然，企业中实施的轮岗是让员工和岗位保持一定独立性的方法。

第三章

新时代企业HR管理的核心：聚焦如何服务和赋能员工

人力资源管理转变的时代背景

目前，蚂蚁金服共有7000多人，以北京、杭州、上海、成都、深圳为主要业务据点，公司还在保持快速增长势头。按照传统的招聘人员配置，7000多人规模的公司，可能需要50人的招聘团队，但是，蚂蚁金服只用一支7个人组成的团队就控制了这个大盘，它是如何做到的？答案就是赋能！具体体现为：

1. 理念上的变化。首先，把招聘权还给业务主管。招聘是业务主管自己的事，要搭班子、带团队、做业务、拿结果。首先，要搭班子，业务主管如果不能身体力行地冲在前面招聘到自己的团队，结果和产出就会大打折扣。其次，招聘HR要后撤一步，把业务主管推到人才市场的最前端。HR是新工具的发现者和倡导者，要充分挖掘人际圈、社交网络的力量，引进新平台、工具和方法，结合到业务场景中。

2. 模式上的变化。传统的招聘模式，是业务主管把需求抛给招聘团队，招聘团队全面接盘，最终把人才输送给HRBP（人力资源业务合作伙伴），这是一种线性的串行的合作关系。蚂蚁金服采取“三位一体”的模式，让业务主管、招聘团队、HRBP三者之间两两发生连接，形成三角合作关系，是一个网状结构。

3. 打法上的变化。首先，招聘分为批量招聘和高端招聘。

（1）批量招聘。HR负责输出品牌、服务、工具和方法。比如，根据业务流程，设计几个匹配的招聘系统，供业务主管直接在系统上进行人才搜索。搜索到人才后，可以自行在系统上安排面试及与面试有关的环节，进行自助式服务。

（2）高端招聘。HR 主要负责搭场子、控台子。首先，高端招聘时，专业招聘团队要冲在前面，了解市场上的人才分布，制作出人才地图，根据外部竞争对手的情况选择方案，寻找到最好的候选人。将人才请进来以后，由业务主管做吸引、说服。其次，推出业务主管。让业务主管与人才市场的供给直接发生接触，掌握人才市场的状况、人才流动趋势状况。比如，全国性人力资源大会、行业峰会等。业务主管要站出去，作为一面旗帜，吸引候选人。最后，HR 要通过分享和传授，请一些同行业友商，或非本行业的公司领导到公司来进行经验分享，帮助业务主管提升对市场、竞争、创新的感知和认识。

HR 如何从支持者走向赋能者，可以说，蚂蚁金服已经给出了答案。总结一下，主要有：

1. 从角色方面进行升级

（1）从执行者升级到运营者。在新背景下，要想体现招聘 HR 的价值，就要从常年在一线冲锋陷阵的招聘小能手转变为二线平台的运营高手，从傻乎乎地执行任务转变为高瞻远瞩部署进攻方向。

（2）从酱油客升级领导者。要做赋能者必须成为领导者，而作为领导者，最重要的一个品质就是敢于担责。团队建好了，是大家的功劳；搞砸了，得一个人扛。习惯于随大流和跟风的人，是无法成为赋能者的。

2. 从思维方式进行升级

（1）从模块思维到拉通思维。传统单一模块无法支持快速成长的业务部门的需要，需要快速拉通各模块，推掉人为的阻隔，通过技术手段快速拉通思维，去解决问题。

（2）从由内及外转变到由外及内思维。英文分别是 inside out 和 outside in，前者强调的是由内向外看，从自己出发；后者强调的由外向内看，要跳出 HR 来看 HR，实现真正的客户导向。

3. 从能力方面进行升级

（1）专业力。想成为赋能者，肚里得有“货”，才能输出给别人。这里的专业能力包括却又不限于人力资源专业技术能力。

（2）领导力。HR 从事务性工作转换到策略性工作，有一个很重要台阶，就是领导力的培养。

（3）洞察力。不仅要对问题进行系统思考，还要做好信息采集、数据挖掘分析和综合分析的工作。

（4）创新力。虽然无法创新 HR 的体系框架，但可以基于工作场景进行 HR 工具方法的点线突破。

HR应该成为组织的“赋能者”

目前商业环境的变化，给 HR 提供了崛起的机会。要想在企业发展中大展拳脚，就要将思维方式从商业控制转变为商业合作，甚至更进一步成为商业领导者。那么，此时的 HR 如何才能成为组织的赋能者？概括起来，需要从三个方面加以考虑：

一、组织架构的设计者

赋能需要组织和员工都具备相应的能力，在组织能力上最为基础的就是组织架构要匹配赋能的需要。HR 如果沉迷于工业时代科层制架构带来的掌控感，不愿轻易放弃眼前诱人的权力，只能对很多变化听之任之，视而不见。但如今趋势紧迫，要么选择上天堂，要么选择下地狱，因此“组织的架构师”也就成了 HR 作为未来赋能者的第一职责。

关于未来组织理论的论述数不胜数，其基本观点是：要将传统流程式的科层组织转变为并行式的分布组织，打破组织边界，打通企业与用户之间的链接，强化员工与目标之间的链接，最终激发组织活力。当然，组织的架构师一职最终都是公司的最高决策者，很多时候 HR 也会将最高决策者没有改变的意愿作为开脱的借口。但是，无论最高决策者是否愿意改变，总有一天会不得不变，但到了那个时候，HR 却不见得有能力随之一起改变。

在组织架构发生巨大变化之前，HR 可以在某些方面进行尝试性变革，一来便于在组织内部培育习惯；二来可以快速迭代，满足未来需要。

在组织架构上，可以尝试将原先标准化的工作，将原先赋予岗位的责任，转变为可以由不同员工广为参与的项目，如果能同时辅以资源支持和评估标准，更能起到链接作用。举个例子，过去高级人才的吸引与配置一直是人力资源部门招聘岗位的职责，仅靠招聘岗位，一个人是很难满足组织发展需求的。如果想取得意想不到的结果，可以将此项工作与岗位脱离，变成公司层面的人才吸引项目，让组织内有兴趣的人都来参与；还可以引入一些外部的猎头资源，同时制订相应的激励机制和评估机制。如果此种方式可以在组织内广为推行，更能成为科层制架构的有力补充，项目的工作结果可能会更加令人满意。

二、资源的输出平台

激发组织活力的基础，或者说赋能员工的前提条件是，员工应该具备胜任工作的能力。在传统组织中，为了让员工具备胜任力，HR 殚精竭虑，多使用胜任力模型、学习地图、绩效评估等工具。可是，现实永远是残酷的，即使 HR 熟练掌握了这些工具，但有时也会不得要领。仅就培训一项职能来说，就意义大于结果，HR 只能在培训人数、授课时数、满意度等方面无病呻吟。

就某一职能设计一套“专业套装”，会使 HR 成为计划经济的调控者，即使计划再科学，也无法满足市场变幻莫测的需要。因此，HR 应该变成市场经济规则的制订者，成为满足市场各类需求的资源服务输出平台。HR 平台中的资源越多，HR 的工作价值就会越大。

当然，前提是 HR 要秉持“人是有自我实现和自我提升需要的”的人性价值观，除此之外，还不能对员工的个人成长做过多的干涉。此种情况下，HR 完全可以利用互联网的技术运营方法，在学习平台上提供可供选择的资源，如管理的、文化的、生活的、哲学的、经济的等内容，供员工选择。同时，还可以举办类似“TED”的活动，从根本上引爆员工学习和成长的热情。再加上组织架构的略微调整，相信人力资源定然能够实现最需要的项目配置。

激励机制也是如此。与其费时费力地思考如何给员工更有效的激励，还不如打造一个多变的、丰富的激励平台，甚至可以导入一些外部激励资源，让员工源源不断地输出公司需要的绩效和行为，从而兑换相应的奖励。

三、文化的布道者与卫道士

虽然市场是资源配置最有效率的方法，但市场偶尔也会失灵，不仅需要人为调控的智慧，更需要价值观和文化的引领。因此，在赋能的企业中，偶尔出现失灵或冒进时，取得上下共识的文化和价值观更容易成为绝佳的黏合剂，帮企业迅速调整回正常轨道。因此，HR 一定要成为坚定的文化布道者和卫道士，不仅要率先垂范，做文化的先行者，更要通过自身的热忱和行为去传达文化的深刻内涵。

千万不要简单地将文化与活动画上等号，也不要将文化与福利等同起来。如果文化中没有给员工施加压力，没有让市场充满淘汰竞争，也许对员工来说反而是一件坏事。因此，作为一家为员工负责的企业，需要将绩效作为无上的目标，源源不断地让员工提升能力，输出绩效，承担责任，尽量免除员工的后顾之忧。

在充满弹性的赋能组织中，一个伟大目标导向下的良好文化应该具有以下特征：

（1）每个人都有承担绩效的能力、责任和资源，每个人都会充满创业的激情；

（2）不会将信息作为稀缺品严格地保存起来，而是无论好坏都和员工共享，但可以将共享的范围限于内部；

（3）领导者是引导者和激励者，能够做好资源输出和后勤保障，让员工更加勇敢地向客户需要发起冲锋；

（4）无处不在的协作、信任和链接会无限缩小英雄的重要作用，通过组织的放大器，让团队员工放心地把后背交给队友，专心于自己的长处。

HR 可以通过讨论、会议、访谈、调查、活动、制度等方式，不断地校准内部氛围，找到组织与个人的最佳平衡点，通过平台各方的共赢，提升平台价值。

HR 自我赋能的哲学和心理学答案

“赋能”是近年来常被 HR 提起的词汇，也是管理者要求 HR 转变工作角色的核心。HR 的角色转变经过了这样一个过程：由最开始的劳资科变成人事部，再由人事部转变成人力资源部，最后，人力资源部的功能又由人力资源管理变更为人力资源开发。那么，HR 究竟应该如何运作才能更好地行使其职能，更好地适应组织发展的需要呢？这是每一名 HR 从业者都应该深思的问题，更是管理者需要反思的问题。

由单纯的 HR 岗位衍生出 BRBP（人力资源业务合作伙伴），是 HR 体系建设中迈出的关键一步，具有里程碑式的意义。社会发展的轨迹就是分工，分工的结果就是使某项业务更专业化和精细化。要想使人力资源发挥更大的价值，就要选择 HRBP 式的发展道路。那么，HRBP 是什么？它在企业的发展中承担着什么作用？它和 HR 管理中的赋能又有什么关系？

简单来说，HRBP 就是人力资源部设置在各事业部的一个 HR 岗位，承担人力资源的六大模块，但更多的是执行层面的工作，如对制度的解释、对材料的收集、对绩效的考核、考核之后的反馈等。在所有工作中，最重要的一项工作是对优秀人才的发掘或者挖掘。

一、赋能对于 HR 来说，有什么意义？

1. 学会用数据说话。在公司与业务部门、领导开会时，除了 HR 部，多数业务部门都会用数据说话。比如，销售部门会说今年我们的销售情况怎样、利润水平同比怎么样；财务部门、生产部门、物流部门等都同样如此。各个业务部门用数据讲话的能力确实比 HR 强，HR 如果不想落后，也应该学会用数据讲话。

比如，领导问：“现在离职情况怎么样，为什么新员工的离职率这么高？”如果 HR 回答说：“这也没办法。”业务部门可能就会把导致业务不佳的问题推给 HR 部门，认为是 HR 招聘不到位、工资没有竞争力、培训不好等原因。HR 不能当面推诿责任，但可以换一种说法——用数据说话：“今年我们的招聘率是不高，但是经过多方努力，与去年相比已经提高许多；现在整个行业水平是……，未来几个月我们通过……达到……"

懂得用数据表达，无论是CEO，还是业务部门领导，都会认同你的观点，而且也显得有理有据。

2. 激发"人的艺术"。苹果公司CEO蒂姆·库克曾说："我不担心人工智能跟人一样有思维，而担心人类变得像电脑一样，失去价值观和同理心。"HR无法被人工智能替代的价值点在于，其在帮助人才发展的过程中所展现的"人的艺术"。

"人的艺术"，体现了HR所修炼的内功的程度，具体表现在：HR看人能否看得很准，比如什么人有潜力？什么人的优势可以用在公司里？如果HR能够发现新员工的潜力和优势，或帮助他们发挥最大的潜力，就是非常有价值的。如今企业对HR最重要的要求是，既要招得快，又要留得住。这就需要HR掌握快速有效的人才甄别和培养方法。

此外，HR还要保持对人性的尊重和重视，并对人才拥有绝对深度的认识和剖析。目的不是把人才都培养成同一种模式的"优秀"人才，而是为了把每个人都培养成独一无二的人，最大限度地彰显每个人的优势和个性，成为企业的深度陪伴者。

二、晋级业务行家——成为专家顾问级角色

优秀的HR会与老板或业务部门一起排兵布阵，成为内部专家顾问。业务专家一般都有着这样几个特点：

1. 善于发现问题。这样的HR通常都能洞察公司存在的问题，拥有业务敏锐度。经常和业务部门开会，就会懂业务部门在说什么，关注什么，就能培养业务敏锐度。

2. 要有方法论。HR要学会方法论，如果HR经常跟咨询公司打交道，就会发现：来的人可能比你年龄小，却能在公司发挥领导作用。凭什么？

虽然他们的业务经验不丰富，但他们有方法论，能深度挖掘问题，挖到本质。

3. 发现问题就解决。自己提的问题，就要自己解决。在解决问题的过程中，可以提高 HR 解决问题的能力。如果跟老板提出问题但没有解决方案，老板也会感到不舒服。相反，HR 在提出问题的同时，说出自己的三个解决方案，会让领导刮目相看。

HR 的强项就是吸引人才、评估、培育、绩效，要坚守这些本职专业。此外，还要提供教练辅导，影响员工和老板。提供教练的辅导还要跟业务挂钩，如果老板向你征求意见，就是在考你，要适当地展示出来，也可以启发他。

三、HR 如何为自己“赋能”

HR 可以为组织赋能巧施妙手，也可以为自己赋能深加思考。个人认为，在这点上 HR 更需要从哲学和心理学层面去探寻问题的答案。

1. 寻找工作的终极价值。这是一个见仁见智的话题。在家中，即使孩子有一点改变和些许成绩，都会让家长激动不已，在孩子灿烂的笑脸面前，工作的疲惫和委屈都会消失得烟消云散，HR 工作的终极价值也在于此。HR 要将帮助组织和他人成长看成自己工作的意义，收获更加强大的工作内驱力。微薄的薪水也许会拨弄 HR 的心弦，但绝对不会使他失去工作的热情和动力。

2. 具备持续学习的能力。HR 是一个知识折旧速度过快的职业，外部技术环境的剧烈变动会很大程度上影响 HR 工作内容的开展，如果不对外部世界保持足够的好奇心和探索热情，很快就会看不懂这个世界。因此，HR 一定要有拥抱未来的想法和持续学习的能力。这种学习不仅在于掌握知识，更在于提升自己对环境的洞察力，开阔自己的视野和格局。因此，就要从书本上学，从专家身上学，从员工身上学，只要有助于改变，有助于成长，有助于认识世界，都应该学习。记住：只有不断突破极限，才能具备赋能的基础，才能适应未来赋能的世界。

3. 随时更新自己的思维方式。思维方式既包含哲学意味，又与心理学密切相关。所谓思维方式就是你看待世界和思考问题的角度、方法和体系。不同的文化背景、不同的学科体系、不同的成长环境，都会不自觉地塑造自己的思维方式。很多时候，HR 在开展工作时受困的恰恰是自己的思维方式。因此，不仅要让组织更具备赋能的灵活性，也要时时迭代和更新自己的思维方式，要在工作中以始为终、海纳百川，时时反省并融会贯通，不断精进。

老板和HR如何服务和赋能员工

2013 年，海尔提出了“企业平台化、员工创客化、用户个性化”的“三化”改革。企业平台化就是，总部不再是管控机构，而是一个平台化的资源配置与专业服务组织，也就是说，企业平台为员工提供支持和服务。同时，还提出了管理无边界、去中心化，后端要实现模块化、专业化，前端强调个性化、创客化。这种做法，不仅是商业模式的转化，更是组织形态的转变，构建内部创业协作机制，构建内部事业合伙人制度，才能释放更大的员工活力。

1. 海尔变成了平台化企业。海尔总部向资源运筹与人才整合的平台转型，不再强调集中式的中央管控，而是通过分权、授权体系，把权力下放到最了解市场和客户的地方，让基层员工做决策。

2. 海尔创新了“人单合一”自主经营体。所谓人单合一双赢模式，就是运用会计核算体系去核算每个员工为公司所创造的价值，依据员工创造的价值来进行企业价值的分享。这种模式使海尔内部形成了无数个小的自主经营体，员工自我经营、自我驱动。

3. 员工创客化。海尔内部设立了专门的创业基金，并与专业投资公司合作，支持员工进行内部创业。员工只要有好主意、好点子，公司就能给予资金鼓励他组建队伍，且员工可以持股。

4. 创造了“倒逼”理论与“去中心化”领导。所谓“倒逼”就是让客户成为变革的“信号弹”，让客户倒逼员工转变观念、提升素质。而去中心化就是企业不再强调“以某某某为核心”，员工只是任务执行者，每个人都是 CEO，都是自主经营体，员工也可以去做 CEO 做的事情。管理者要从发号施令者转变为资源的提供者和员工的服务者。

5. 利益共同体与超值分享。海尔提出，企业与员工是利益共同体，共创价值，共享利益。员工只要超越了应为公司创造的价值，就可以分享超值的利益。

在海尔的变革中，员工从领导分配任务到自己找“用户”，从公司发放薪酬到自己找“订单”从而得到酬劳，从被雇佣关系到合伙创业关系，在这一转变过程中，同事变成了同行、协作变成了竞合，每个人都找到了自己的位置与价值，前端向市场去找、后端向前端去找。将习惯了“打卡、上班、领工资”的员工转变为自主经营体，他们得自己负责任，慢慢地就会走出一批批真正适应市场、抓住市场、有外部竞争力的团队和经营体。

那么，如何来服务和赋能员工？海尔已经出了答案。总结一下，主要有：

1. 打造赋能型企业文化。有些企业老板和 HR 受传统理念侵蚀太深，认为员工懒惰和不愿意努力工作，就应该采用“胡萝卜＋大棒”的管理方式。这样的管控观念和不信任员工的思想，是构建赋能型企业文化的最大障碍。打造赋能型企业文化，需要做到下面几点：

（1）要影响和改变企业老板。老板的价值观代表企业文化的基因，可以参观一些互联网创业公司，或者给老板推送一些员工敬业度高的案例，让老板认识到员工敬业度的提升不是靠“胡萝卜＋大棒”就能搞定的，尤其是对 90 后的新一代员工。

（2）HR 自身的意识和能力需要升级。HR 可以试着在一些不影响大局的方面放宽控制，比如：弱化考勤规则，向管理者和员工正向传递和引导公司的愿景、使命、目标和希望，让员工感受到自己的价值，然后持续观察员工的行为变化，寻找影响员工行为不理想的原因，及时调整解决。

2. 强化 HR 职能，打造自我管理型团队。管理者的风格和团队的氛围，对员工的情绪和工作状态有着直接影响。管理者是团队敬业度的第一责任人。那么，如何发挥管理者的领导力，打造一支有战斗力的团队呢？

（1）提高管理者对团队管理和人才发展的责任意识。管理者尤其是新晋的管理者，不能只知道管理事情（工作任务），而忽略了对人的管理和对员工心理变化的敏锐洞察。如果管理者人才管理意识和能力不够，就要尽快培养和提升。

（2）打造自我激励和自我管理的员工团队。比如，目标制订和管理的能力、即时反馈的行为、认可贡献、鼓励创新、舒缓压力的意识和能力、支持和帮助员工、管理风格等。这些都有助于提升员工的体验和敬业度。

（3）逐步优化员工团队，招募更多价值观匹配的员工。培养员工、改变员工的价值观非常难，所以直接招募价值观一致的优秀员工是不错的选择。

3. 让员工充分参与管理，感受价值。互联网公司员工普遍敬业度更高，除了有竞争力的薪酬外，另一个重要的原因是员工能够更深入地参与企业管理，企业给员工提供了非常广泛的服务，让员工主动参与进来。比如，阿里巴巴为员工开发了厕所占位状态查询 APP，员工可以方便地了解哪些坑位空闲，给大家提供便利的同时，也提升了员工服务体验，可以让员工感受到自我价值和存在感。更多的员工也纷纷参与进来，开发各种服务员工、提升员工体验的应用。

赋能员工的实现路径——敏捷迭代

作为一家杰出的连锁企业，7–11 为自己的连锁店体系打造了庞大、高效、集约的赋能体系，实现了几万家门店的统一管理。背后高效的 IT 系统、供应链体系、客户管理体系等，实现了对企业内部员工的赋能。

以此为基础，7–11 还把赋能扩大到了合作伙伴，如供应商、物流合作伙伴等，为他们提供高效的 IT 系统、供应链金融，甚至建设一些规模化的基础设施。比如，仓库就是 7–11 组织供应商一起建设的，彼此分摊成本，分享利润，实现了对合作伙伴赋能。

最后，7–11 还完成了对竞争对手的赋能。7–11 最近几年的店面扩张主要源于一项计划，叫店铺转换计划，就是把各种社区的夫妻店收编，将其换牌，改为 7–11 的加盟店。7–11 的整个零售体系效率极高，在产品规划、店面布置、物流配送、数据分析、供应体系上都具备强大的赋能能力，这些社区夫妻店经过收编后，业绩都有了质的飞跃，而7–11也从中获得了巨大的投资回报。

其实，很多企业发展到一定阶段都会不断扩大自己赋能的范围，比如，京东的物流供电商行业使用，微信支付、支付宝供现代商业系统使用。解决企业问题，解决行业问题，解决社会问题，对应的就是赋能利益相关者范围的不断扩大，对应着不断升级的企业价值。

生产线赋能于生产工人，工人的生产率就会比手工制造提高好多倍；市场渠道赋能于销售员，销售能力就会有更高的产出。为了帮用户解决问题，小微企业可以提供一个赋能平台，比如，用户无法生产一件衬衫，企业却可以批量化生产，批量化同样也是一种赋能。

具备了赋能能力，企业就能完成少数用户、少数员工、比自己能力层级或者量级低的小企业无法完成的事情，这也是企业合作的原因所在。因此，企业的价值有多大，取决于其赋能能力有多高层级和多大量级，能够为多少利益相关者的多少需求提供赋能。

比如，苹果公司的APP store就为整个移动互联网生态提供了庞大的赋能基础设施；微信赋能了公众号、小程序、游戏、支付宝、微信支付等平台，为很多线下和线上商业提供了移动支付的闭环，赋能整个现代商业生态。

这就是伟大企业所存在的合法性！赋能能力的层级和量级越高，就能为更多的利益相关者、更多的需求提供赋能，就有获取更高回报的合法性。要想实现由传统的管理员工到赋能员工的转变，涉及企业管理的方方面面。

一、全面审视企业的现状

主要内容包括：了解公司发展历程、背景和文化；对员工进行全面的人才盘点，包括敬业度、年龄结构、学历结构、司龄结构、离职原因分析、工作负荷情况等；对各级管理者的管理风格进行360度反馈评估，全面的人才分析报告是一切变革与优化的前提。

二、从文化引导入手

主要内容包括：在掌握公司文化基因的基础上，与老板进行对话，争取到老板的支持；对员工尤其是管理者进行文化引导，通过各种途径传递给管理者正确的团队管理意识、公司愿景、使命和目标、希望的行为、正向的沟通反馈机制等。

三、先简后繁、逐步深入

先从简单的事情入手，逐步加深目标管理，培养基于目标的即时反馈行为习惯。当员工已经习惯自我管理目标和期望自我突破时，再慢慢地改变绩效评估模式，由KPI考核变为基于贡献和成长的综合评价。

四、工具跟上、游戏化趣味化

要想让员工产生优秀的工作体验，就要通过游戏化和趣味化的IT工具粘住员工，让员工自然地参与进来。比如，基于工作的协作与红包打赏功能，员工参与互动的机会就会大大增加，有助于培养员工的团队协作、自我激励和自我管理的能力。

新时代企业的人力资源管理不能过多地关注如何管控员工，应聚焦如何服务和赋能员工，给员工提供更好的工作体验。如此，既是新生代员工的心声，也是时代赋予管理者的神圣使命，更是公司追求赋能型组织文化和持续快速发展的需要。

第四章
做一个掌握赋能领导力的领导者

赋能领导力理念关键词：成长、授权、成就、套路、迭代

赋能领导力是一个人或一个组织综合素质和综合实力的体现，指的是一种方向明确、积极向上、充满正能量的影响力。那么，究竟怎样做才是赋能领导力呢？具体来说，领导者的工作不是待在办公室里发号施令、利用权力与威胁来管理员工，而是要走出办公室，与员工沟通目标并激励他们去完成，对员工的能力给予一定信任，为下属赋能，帮助下属成长、成功。只有设立清晰明确的目标，增强与员工之间的沟通，彼此间建立信任，才会事半功倍。

如今很多员工都抱着这样的工作感受：整天忙于毫无意义且看不到尽头的工作，不仅不知道自己在做什么，甚至上司也不知道什么是有价值的。这种领导者表现出来的状态就是无序的，即使忙得焦头烂额，也无法取得好结果。那么，如何才能有效地带领团队，让每个员工都发挥最大的作用？简单来说，就是要做到以下几点：

（1）成长。要关注员工和领导者自身的成长，把团队状态和组织能力当作常抓不懈的事情来做；

（2）授权。给员工足够的授权，让他们在工作中修炼成长并享受其中；

（3）成就。要成就下属，使他们在工作中获得成就感；

（4）套路。帮助下属掌握工作中的方法和套路，让下属成为掌握套路的人才；

（5）迭代。在迭代中业务本身、员工和领导者自身都要有成长。

下面我们就来仔细分析：

一、成长

传统领导者都会将自己的大部分精力用在组织的绩效增长上，而赋能领导者则会将更多的精力关注在员工的成长上。当期绩效变成了迈起来的一条腿，年底当期绩效就会变成经营年报上的数字。新一年的组织绩效能否持续增长，要看即将迈起、当前还踏在地上的另一条腿，这条腿就是团队的精神状态、能力和方法等。

赋能领导者必须深谙这个道理，要将提高团队状态和组织能力当成常抓不懈的大事，切实关注每个员工在工作中的持续成长，让他们在做好当前工作的同时，得到充分的锻炼和成长，实现次年的业绩增长。

从这个角度看，挑战性工作不仅是业绩增长的需要，更是员工自身成长的必需。因此，要让员工将工作当成修行的道场。因为只有在工作中持续修行，才能保证自身能力成长的速度大于环境变化的速度。同理，赋能领导者更要关注自身的持续成长，而且领导者自身的成长速度要大于团队的平均成长速度，如此才有资格持续领导精英团队。

赋能领导力，需要在以下几个方面进行努力：

（1）良好的定力。领导者每天都很忙，为何有些优秀的领导者却能保持身心的安静？首先，坚持每天的阅读和写作，通过阅读和写作来认识这个世界和进行思考，这是主要的学习方法。其次，每年都安排时间跟自然对话、跟家人旅游，这是让人真正安静下来的第二个途径和手段。最后，不管市场多么喧嚣，都要走进大学，进入校门，让自己静下来。因此，必须有自己的定力，才可以成为真正的领导者。

（2）训练思辨能力。学校的帮助就是训练你对知识真正的理解，训练你的思辨能力，让你胜任任何职业。领导者真正重要的工作就是找出真正的问题，去论证，说服大家接受，给出解决方案。要用思辨的能力去做，而不是简单地做个讨论。

（3）培育想象力。想象力从哪里来呢？主要来源于三种东西：观察、交流和行动。首先，要认真观察，想象力就会被培育出来。其次，要加强交流，多方面刺激、引发想象力。最后，认真做事。只有在尝试中，才能知道想象出来的东西能否被创造出来。

（4）要懂得“生意”，即生活的意义。它源于你对生活的爱的理解，对人性最善的东西、最美的东西的把握，对同理心、慈悲心底蕴的呈现。领导者要学会接纳、同理、慈悲和欣赏。当领导者能够找到这一切的时候，也就理解了什么叫生活。如此，从商业的逻辑上去做生意，一定能找到自己的商业模式。不接纳和欣赏身边的人，就不懂得什么叫真正的爱。不懂爱，就没有办法引领和带领更多的人追随你。

（5）从多个视角看世界。对于领导力真正的判断是什么？摒弃固守的一个视角，从多个视角去看，将内在的力量激发出来，用知识来武装自己。

二、授权

在传统组织中，领导者是最聪明、最有主见、最有经验的人，所以很多员工都喜欢请示领导。很多领导者都希望对自己的业务和团队有掌控感，但是领导者的掌控感多一些，员工的自由度就少一些；领导者的控制多一分，员工的抵抗也会多一分，团队能量内耗很大。而在日新月异的互联网时代，领导者在客观上已经不再是老司机了，这就要求给员工足够的授权。

充分授权不仅是新时代推进各项业务的必需，更是员工在工作中修炼成长和享受工作乐趣的必需。授权意味着给员工充分的决策权和施展空间，让员工在工作中能找到创业的感觉。只有充分授权，员工才能最大限度地激发其才智和潜能，才能收获最大的工作乐趣和成就感。

三、成就

传统领导者最大的成就感源自组织绩效，通常是领导者成就感越大，员工的成就感就越小。因为从表面上看，所有的组织绩效都是领导有方的结果。而赋能领导者最大的成就感来源于员工的成就感，成功的领导者会教导下属成为领导者。

领导者的成就感不仅源自组织绩效，更多的源自支持、辅导下属取得成功，要把领导者亲自抓业务的精力转移到支持和辅导员工取得成功上来。

事实上，当老师比当领导更难，也更能赢得下属的尊重。成就员工包括：给员工足够的施展空间、支持指导和一定的资源保障，让员工直接感受到工作给他带来的成就。帮助员工寻找隐藏在工作中的成就感，是赋能领导者的重要责任，因为艰难经历和巨大挑战的背面就是成长机会和成就感。

四、套路

领导者要给员工充分的授权，让他们在工作中找到足够的成就感，他们就能在工作中掌握做事的方法和套路。遇到问题，一时半会儿没有答案并不要紧，要紧的是应该知道用什么方法和套路去寻找答案。方法技能是组织智慧的核心，美国 GE 公司之所以能够批量“生产”领导者，与他们重视方法技能的培养关系很大。

在组织中，培养和普及方法套路的最佳策略不是培训，而是各级领导者自己带领团队用方法和套路解决实际业务问题，在工作中持续强化和固化方法套路，让下属成为有套路的人，是充分授权的前提和保障。

五、迭代

互联网时代不能容忍先做需求分析，再做总体设计和详细设计，之后再做开发和测试的工程化思想，取而代之的是一种生物成长代谢式的迭代思想。

在开发产品时，要先做出一个简单的原型，称之为最小化可行性产品；然后，把 MVP 当作与用户沟通和寻求反馈的工具，快速迭代，不断修正产品，最终适应市场的需求。笔者认为，这种敏捷迭代的思想可以泛化应用，且作为赋能领导者的重要理念和做事方法。

在每一次迭代中，业务本身要有成长，每个参与的员工也要有成长，领导者本人更要有成长，一切都在迭代中发展和成长才符合自然法则。因此，赋能领导者要真正做到：塑造员工的同时，员工也在塑造领导者；成就下属的同时，下属也在成就领导者；推进业务的同时，也在业务中磨炼自己。

总之，成长、授权、成就、套路、迭代，就是赋能领导力。当然，赋能领导力的概念本身也应该与时俱进地迭代下去，持续迭代是生命力旺盛的标志。

赋能领导者三大业务关键：业务设计、引领变革、解决问题

公司是一个新型的平台，任何人都可以通过任务与平台合作。平台加任务加人，每项任务都由小组负责，每个小组就是一个项目组，在这个小组织里面，既有公司内部的人，也有公司外部的人，但他们可以共同协作促成项目目标的达成。

在互联网时代，小组可以灵活机动，随时改变。一旦需要人来完成任务，这些人就会聚合起来形成小组，每个小组都对负责的项目有管理权和决策权。这样，就可以快速地适应外部的变化，实现无边界自生长。

要想建立这样一套制度，公司内部就要互相信任。信任，才能减低成本，组织才能更有力量。如果不够信任，事情就会变得复杂，继而产生巨大的能量内耗。

团队内部不信任，多半都来自安全感的缺失。所以，领导者的首要作用，就是给团队提供安全感，营造安全氛围。比如，鼓励团队中的每个人说话，让他们发挥自己的才华；认真倾听每个人的想法，让他们知道自己的意见是有价值的；尽量选拔对团队有认同感、有责任感的人，形成正能量；对团队员工多表示感谢。

组织变小之后，会更高效、更有战斗力，更容易打造一支实打实的精英团队。好的团队能在合作的过程中，逐渐淘汰掉坏想法，涌现出更多的

好想法。而要做到这一点，团队员工之间必须进行直接的、综合的、开诚布公的交流。

从2010年开始，迪斯尼拍出了《冰雪奇缘》《超能陆战队》《疯狂动物城》等一系列影响巨大的动画电影。它是如何做到这一点的呢？卡特穆尔进入迪斯尼后，没有对创作团队进行人员的更替，只是改变了员工的工作方式：

首先，给所有人重新安排办公室，让主创人员和技术人员围绕一个中心聚在一起，经常一起交流。领导的办公室则是放在边上，因为领导不直接干预创作。其次，卡特穆尔改变了创作流程。以前迪斯尼的做法是，找人想故事的创意→领导认为创意过关→组织人员创作剧本→领导认可剧本→把剧本交付给导演拍摄。卡特穆尔则是把整个过程交给一个编导团队，从最初的想法开始，拍什么和怎么拍都由编导团队共同协商，领导不会直接干涉。最后，迪斯尼的领导可以决定创作团队的人选，可以任命关键时刻说了算的总导演和副导演，拥有最终拍板权。卡特穆尔认为，领导不在第一线，不适合直接提创作意见，如果提出的想法被团队特别重视，就会造成误导。

可见，迪斯尼之所以能够创造出好作品，多半功劳都归于主创人员，可是没有卡特穆尔这样的领导，迪斯尼也拍不出好作品。所以，领导一个团队，并不是靠直接的命令和指挥，也不是事无巨细的管理，而是靠团队的自组织。领导的作用，其实就是激发和赋能。

如今，蓝海只是暂时的避风港，只要某个领域有利可图，资本和力量就会快速跟进，蓝海就会立刻变成红海。因此，未来企业之间的竞争，归根结底就是领导人带领团队变革业务的竞争。领导者要持续创新、快速变革、解决问题。

一、业务设计

互联网时代业务设计的关键是商业生态链的利益设计，而组织的商业模式是由高层的指导性概要设计和基层的创新性实践合力演变而成的。传统的业务模式设计认为，战略就是发挥和整合自身优势去满足客户利益，组织只要紧盯自己的细分市场，服务好客户就万事大吉了。

互联网提供了丰富信息和选择，客户越来越挑剔，倒逼企业转型。商业模式不再是组织和客户之间的事，还涉及合作伙伴、团队甚至社会利益。因此，企业必须将商业设计升级到商业生态链设计，整合不同人群的利益诉求，让所有人都能从中找到意义和价值。

二、引领变革

变革是常态，世界上唯一的“不变”是“变”。在外界环境剧烈变化的今天，领导者最不能回避的事情就是引领变革。变革是时代强音，领导者要带领自己的团队主动求变，主宰变革。

张瑞敏素来以“破坏性”为人所津津乐道。海尔“大动作”的管理改革，虽然看上去非常激进甚至残酷，但后来的发展证明，海尔绝不仅仅是为了削减成本而去裁员，而是为了把束缚在上下属关系中的“员工”变为自主创业、掌握自己命运的企业家，为了释放被科层制压抑的员工的创造性。

三、解决问题

今天，靠领导一个人的智慧解决问题显然已经不合时宜，领导者不仅要掌握解决问题的方法，还要懂得带领团队、群策群力地解决问题。带领团队快速解决问题才是未来领导工作的新常态，一方面，领导者要意识到，越复杂的问题，越需要整合多种智慧，越需要酝酿时间。只有采取慢中求快的策略，开发和整合多人的顿悟，才能找到高质量的答案。另一方面，解决问题的过程中，公式比答案更重要。爱因斯坦说：“解决问题所用的公式比结果还重要。”应该思考的是，用什么样的策略方法、流程框架，才能更接近寻找的答案。

赋能领导者最重要的工作：化解冲突、教练下属、团队学习

工业时代的组织是职能组织，是落实最高领导者既定战略的机器。组织会将员工假设成工具，号召员工做革命的“螺丝钉”。互联网时代的组织是以创意精英为主体的创新组织，组织的定位已经悄然发生改变，是为创意精英赋能，创建帮他们成功的平台；员工不再是完成任务的工具，而是事业的合作伙伴。

在赋能组织中，领导者要把每个员工假设成小 CEO，给他们营造创业的机制和在业务中成长的机会，让员工从工作中得到足够的创新空间、成就感和成长锻炼。

赋能型领导者，会将团队建设、人员培养等过去并不重视的工作提高到空前的高度，充分激发员工深层次的内在动力，并在工作中培养下属的业务推进和带领团队的能力。公司管理最核心的事情就是管人，人心易变、易疲、易乏，这最考验赋能领导者的智慧与能力。

一、化解冲突

不管是企业转型，还是企业变革，最根本的工作都是转变人心。但事物是在矛盾中发展的，团队也是在冲突中成长的，面对冲突，领导者如何化解？

（1）梳理各自诉求，把员工从过度合理化自己的行为和为自己立场辩护的状态中拉出来，引导双方进入自我觉察状态。

（2）发出邀请，这不是妥协和示弱，而是更积极的表现。

（3）尝试理解对方，真正做到换位思考。

（4）共同探寻第三途径，一旦双方把计较的维度岔开，冲突就容易化解了。

（5）把彼此竞争的问题转化成需要双方相互承诺、协同合作、共同面对的问题。

二、教练下属

美国前国务卿基辛格博士说："领导就是要让他的员工，从他们现在的地方，带领他们去还没有去过的地方。"这就是教练下属的意义。真正有责任的领导者不仅会为业绩负责，更要为员工的成长负责。担任下属的职业教练，确保下属在工作中处于正能量的工作状态，是领导者义不容辞的责任。

（1）重视言传身教。在企业里，身教就是要起到一个给下属示范的作用。如果下属在工作中遇到困难，领导者都不会演示怎么做更好，那工作起来就会很麻烦，领导下属就很困难。通过言传身教，下属就会佩服你，就会尊重你，就会服从你的领导。通过演示，下属对你的尊重和工作热情就会被激发出来。

（2）帮助下属学习。要把自己定位在帮助下属学习，而不是替下属去学习。如果员工有个客户拿不下来，经理可以帮助他把客户拿下来，但不是说每一次都得帮助他，而是通过一次教练演示告诉他应该怎么来做。切记：不要一听下属说这个客户摆不平就要亲自去摆平；要逼着下属学习；言传身教是示范性的，不是替代性的。

（3）协助下属解决特定的问题，不是所有的问题。下属在工作中会面临很多问题，给他做教练或辅导的时候，一定要解决他特定的问题，而不是解决所有问题，这样才能真正地协助下属提高。

（4）要解决工作中的问题，把帮助直接运用到工作中。在教练下属的时候，一定要把关注的焦点放在可以直接运用的事件上。比如，如果下属的招聘广告词写不好，就要从怎么写的方面来提高和教他，不能给他很多知识。把教练工作定位在下属需要的工作方法上，不跟具体工作衔接，不做或尽量少做。

（5）多观察、多沟通、找短板，了解下属的需求。要在日常的观察中多加留意，多与下属交流和沟通。找到下属的短板，有针对性地进行辅导。切记：下属不会、不懂、做不好的地方，就是需要辅导的地方。

（6）因人而异、因材施教。对不同人的辅导，要采取不同的策略和方法，不能一视同仁。要准确地了解下属的水平，有些下属提高得很快，有些下属提高很慢。如果下属对于辅导有非常紧迫的要求，辅导后很快就能提高绩效。如果下属迫切程度不高，可以先放一放，等他在工作中发现问题时再进行教练。

三、团队学习

组织要在未来的竞争中取胜，领导者就要转型成赋能型领导者，把团队建设、人员培养等过去并不重视的工作提高到空前重要的高度，提高团队的学习力，充分激发员工深层次的内在动力，并在工作中培养下属的业务推进和带领团队的能力。

（1）要确定一个目标，做到有的放矢。要让员工知道：自己的目标是什么，自己的短板是什么，现在最要提升的是什么，需要提升内容的层次如何分阶段开展？这些都需要在员工学习之前有个明确的思考。只要思考清楚了，才能让员工完成阶段学习后不至于学到的没有用武之地。

（2）找资源。目前社会上的信息到处都是，如何从鱼龙混杂的知识汪洋中选取真正有含金量的资源，最有效的方式是选择大师的资源，比如，德鲁克、波特等，以及中国古代的圣贤。

（3）学习不是随机的，也不是随意的，需要持之以恒。员工学习的最终目的是自身工作能力的提升，要围绕如何提升能力设计各种激励措施。

赋能领导者三大管理要务：管好自己、对内管理、对外管理

一、管好自己

领导者在开始管理别人、行使管理职权之前，首先要学会自我管理，这是组织领导者的首要任务和做好管理工作的前提条件。须知，领导者不仅要为组织赋能，还要为自己赋能。

1. 明确目标。每个人心中都有一个愿望或梦想，为了取得更多的成绩，

还会设定一个工作目标。目标的确立会对一个人产生重要影响，会影响到领导者的精神面貌、拼搏精神、承受能力、个人心态、人际关系、生活态度等。及早设定一个目标并坚定不移地奋斗，才能为今后的发展明确方向。

2. 提高效率。多数人都知道，浪费时间可耻，可是我们每天至少会花费 1/3 的时间在无效工作上，慢慢地浪费自己的时间和生命。因此，进行自我赋能，就要认真分析、记录自己的时间，合理安排，实践中尽可能按计划贯彻执行。长期坚持下来，时间就会充裕很多，工作也会更加自如，效率提高了，自信心也就能增强了。

3. 成果优先。不管做任何工作，都要先思考一下：这项工作会产生什么样的效果？对目标的实现有什么作用？这是进行自我赋能的一个重要原则。如果某件工作与成果关系不大，完全可以交给别人去做。

4. 发挥优势。要想提高工作效率，就要充分利用自己的长处和优势，积极开展工作。这是自我赋能的一个重要原则。

5. 先做要事。做工作要分轻重缓急，先做重要的事。眉毛胡子一把抓，不仅会影响到工作效率的提高，还会对自己的领导力造成负面影响。

6. 善于决策。赋能自我，就要善于决策。首先，决策要果断，做事不能优柔寡断，一旦思考好了，就快速定下来。其次，贯彻要坚决。不管遇到任何阻力，都要将决策贯彻到底。第三，要快速落实。一旦确定了决策，就要迅速执行，抓住时机，排除万难，积极工作。

7. 多方检验。实践是检验真理的标准，自我实践的效果需要实践来检验。要积极吸收周围人的反馈，主动收集、征求同事的意见和建议，检查自我赋能的实际效果。

8. 主动反思。自我赋能也要定期进行反思。不仅要检查自己的目标执行情况，还要分析自我赋能中存在的问题，继而制定调整和修正方案，保证自我赋能的健康发展。

二、对内管理

对内必须持续激发员工的内在动力，并在工作中持续为他们赋能。

1. 帮员工预测未来。员工之所以没有动力，一个原因就是对未来的预测不够。为了激励员工主动工作，可以让他们思考这样几个问题：不努力打拼、不懂的积累，将来拿什么去孝敬父母？你的孝心处于哪个层面？你有没有尽最大努力？同时，你能给后代提供什么样的成长条件和环境？……一旦想到这些问题，员工多半都会用百倍的努力去工作，员工的原动力就会被激发出来。

2. 让员工体验成功的感觉。广义上来说，所谓的成功就是一个人实现了既定的目标。很多员工并不是没有成功，而是组织没有让他体会到成功的感觉。员工在工作上取得了一定的成绩、达成了一个目标、完成了一个任务时，一定要及时对这种小成功给予表彰和鼓励。让员工感受到到：成功的感觉真棒！成功并不难！我也可以成功！一旦找到了这种感觉，他们就会更加积极主动地工作，一旦形成了这种氛围，组织也会生机无限。

3. 赋予员工相应的权力。将较多的权利赋予员工，不仅有助于提升绩效，还能提升员工对自己职务的满意度。给员工足够的自主权，就能提高执行力，使工作变得更加高效。因此，要想让释放出巨大的工作动力，就要给员工提供支持与辅导，引导他们努力实现目标。

4. 支持员工成长和学习。多数人都希望自己变得更好、更有价值，都希望自己的付出得到回报。组织要为员工提供成长的机会，不仅要给他们提供学习的机会，还要帮助员工制定适合个人的成长计划，为员工创造增强能力的环境，对组织产生归属感，促进员工和组织的共同发展。

三、对外管理

未来的组织必须运用超越传统的运作方式，对复杂多变的外部环境做出更快速的反应。

1. 建立预警管理机制。企业外部环境风险具有客观性，可以在企业内部建立一套预警管理系统，监测与评价企业外部环境对企业的影响，明确企业面临或可能面临的不利环境变动，然后采取有效对策，保证企业在变化的环境下不断发展。

企业外部环境预警管理系统由预警分析与预控对策两大任务体系构成。

（1）预警分析。指的是对企业外部环境风险的识别、分析和评价，并由此做出警示的管理活动。一般分为三个阶段：监测、识别和诊断。

（2）预控对策。指的是根据预警分析的结果，及时矫正与控制管理活动，采取有效管理活动来迎接外部环境的变化。主要包括三个活动阶段：组织准备、日常监控和危机管理。正确有效的预警管理活动会让企业保持良好的经营状态，失效与错误的管理活动会使企业处于困境。预警系统的直接对象是企业危机，要采用危机管理方式，直至企业恢复正常状态。

2. 明确客户需求。企业是为社会提供产品或服务，满足客户的某种需要，获得利润而生存与发展。随着人们物质生活水平的提高，购买力水平大大提高，客户不再是被动的产品的接受者，而是产品生产的决定者，他们会告诉企业自己需要什么样的产品，他们对企业的影响力越来越大。明确客户需求并满足该需求，是企业经营的真正追求和永远探索的方向。

3. 保持竞争优势。产品竞争不再是现代企业唯一的竞争方式，现代企业的竞争战略、竞争手段多种多样，如形象竞争、时间竞争、组织竞争、未来竞争等。面对白热化的竞争，企业需要不断变革，努力寻求新的竞争方式，需要具备创新技术、优秀人才、优秀的企业文化、卓越的品牌影响力，打造核心技术与培养创新能力。如此，才能保证企业经营的可持续性和稳定性。

赋能领导者必备的能力：抓业务、带队伍、自我发展、体系化

领导者如何掌握赋能领导力？抓业务能力、带队伍能力、自我发展能力和体系化能力是传统时代的领导者必备的四项基本技能。在外部环境剧烈变化的今天，这些工作都要重新定义，这是赋能领导者不能回避的现实。

一、抓业务

为组织设定方向并持续带领团队实现新的业务目标，是领导者最重要的职责之一。传统的组织经营秉承的是系统工程思想，最高领导者需要对整体业务进行完整的顶层设计，然后将其分解为若干个可单独完成的任务，而每个任务又交给不同的团队去完成，最后将团队所有的工作成果汇集成一个整体。而互联网时代，外部环境充满了不确定性和模糊性，业务越来越复杂，最高领导者在客观上不具备顶层设计的能力，组织不再是一

个贯彻高层设计思想的机器，而是在高层意志与基层实践共同作用下持续进化的有机体。

二、带队伍

传统的领导者可以绩效至上，而在互联网时代，如果不关注员工的发展和成长，精英就会率先离开。员工都有深度参与业务决策的诉求，都想将自己的才智通过创新性业务的开展表现出来，都需要在产品与服务的独特风格中寻找自己的成就感和自豪感。组织要想在未来的竞争中取胜，领导者就应该转型成为赋能型领导者，把团队建设、人员培养等当作重点工作，激发员工的内在动力，提高员工的业务推进能力和带领团队的能力。

三、自我发展

只有自己的成长速度远大于团队平均成长速度，领导者才有资格晋升或保持现有的岗位。因此，赋能领导者持续发展是带动团队员工在工作中成长的关键。在互联网时代，自身发展的关键在于提高个人的影响力、不断拓展人脉和在实践中持续反思觉察的能力。

（1）领导者是业务代言人，互联网时代的领导者更需要借助故事传播自己的思想，营销自己的业务。

（2）互联网让所有人深切体会到人脉的价值，要有意识、有规划地发展自己的管理能力和人脉。

（3）领导者要持续进步，提供自我觉察和反思能力。反思是心智模式迭代的重要手段，领导者的心智模式也要不断迭代更新。

四、体系化

真正的高手会坚守一套成熟的体系，应对纷繁复杂的外部形势。方法技能是组织智慧的核心，是百年基业的真正基础，只有掌握多种方法技能沉淀，组织才能经得起历史的考验。可是，方法技能的总结需要经历一个去背景化的抽离过程，只有这样才能获取方法技能，才能在下次遇到类似情境时快速做出反应。

当然，除了做事有方法外，领导者的体系化能力还体现在营造的组织文化上。领导者要用敏捷迭代的方式开展业务，依靠方法技能和群策群力的方式提升组织能力，用激发而非控制的方式带领团队，用教练而非命令的方式教练下属。如此，组织才能发展出有创新活力、勇于面对挑战、人人主动积极自我实现的文化。这种文化的形成是赋能领导力的必然结果。

总之，领导者带领团队开展业务的最理想的状态是：业务模式在实践中得到磨合和发展，团队在实践中发展出更强凝聚力和战斗力，员工在挑战中得到十足的成长，领导者自己也在实战中持续提升。

第五章

打造企业赋能型组织

赋能型组织及其三个重要的架构特征

新的组织会有三个重要的架构特征：强大的创新中后台；自由联通网状协同的团队结构；在线实时的动态指标矩阵。具体如下：

一、创新的中后台

传统的企业典型架构是前后台一体化，从产品到技术、到运营，是一个垂直整合的架构。阿里巴巴做的最重要的事情就是打破了这种烟囱式结构，把能够共享的中后台资源都尽可能地整合在一起，用更高效的方法提供出来。

举个最简单的例子：很多公司的数据都是割裂的，可能有近百个团队都在用自己的方法定义数据，结果因为没有合适的基础设施，无法用数据来创造新价值。其实，完全可以成立一个团队，起名为数据中台，一个业务部门一个业务部门地进行沟通，然后把数据定义、数据计算、数据存储全部都标准化，放到一个统一的平台上来。如此，任何部门要调用数据，都会有一个统一的数据库，而且使用数据的过程中还会被平台跟踪，取得的任何附加服务，其他团队都能共享到。

这种中后台最关键的特征是什么？透明和分享！因为透明，每个人都能清楚地知道其它平台参与者的工作。在这个过程中，每次创新都建立在过去许多创新实践的基础上，不用闭门造车重复建设。而每一次创新又会在中后台的平台上进行沉淀，智能、技术、经验、模式等也会靠着这种机制日益丰富，共同迭代。如此，创新的成本会大大缩减，效果反而会大大提升。

二、联通协同的团队结构

传统公司里的组织结构叫作科层制，是个典型的自上而下的树状结构，指令层层上传下达。而在新的组织里，组织架构的样子更像一张网络，组织里的每个点都与其它点实时连接在一起。组织与客户之间也是网状直连，来自客户的任何信号都能实时接收，之后得到实时反馈。

如今，组织架构正在发生根本性的变化——从传统的组织结构入手变成了从工作流入手，重构整个公司内部的结构。工作流的特征是：要完成一个任务，需要多方协同，信息必须实时触达各方，然后让相关人员做出合适的反应，把这个工作完成再传递到下一个工作。举个例子，客服部门。为什么很多传统企业的口号都是“客户第一”？因为客服部门虽然口头上被认为很重要，但实际上在公司内部地位很低，不能真正解决客户的实际问题。

如果想真正解决客户实际问题，一定要给客服人员赋能。赋能实现的前提条件：一是信息流要通畅，要让工作人员能看到所有相关的信息；二是整个相关的工作流，以工作流为基础的节点要透明化，要能够调动相应的资源去解决一个问题。由此，任何一个人都能在这个协同网上根据需要去获取相关信息，调动相应的资源，在节点上解决问题，而不是所有的信息都在自下而上的科层制中被层层衰减。

三、建立动态指标矩阵

根据传递赋能的理念，在实际运营中，可以利用网络优势，建立动态指标矩阵。

在传统的格子化、封闭化的组织结构下，个体都被封闭在一个狭小区域内，既看不到全局，更不可能调动超出自己权限之外的资源。所以，局部的决策效率完全无法根据全局的需要进行优化。所谓指标矩阵是指用完全数据化的方式来测量、评估和监控创新。一方面要对现有的业务实现完整的数据化，另一方面要用数据化的方式定义出一个企业试图优化的方向，而指标体系是可以对整个生态都用数据化的方式来衡量和监控的。

组织赋能的原点——人才盘点

近几年，随着人力资源的转型，组织赋能已经成为人力资源管理领域内时髦的词汇，于是赋能也就成了“风口上的猪”。关于组织赋能，管理者关注的多在组织变革、领导力发展、激励机制调整等方面，但这些都是组织赋能的手段，而忽视了为组织赋能的原因。对人才进行盘点，才有助于寻找组织赋能的本源。

一、人才盘点关键点

1. 关键岗位识别。首先，关键岗位的识别维度对公司价值或业务的影响程度，可以从两方面进行识别，一方面通过价值链分析岗位价值影响程度，另一方面从反向的角度看该岗位离职对业务造成的影响。其次，要考虑该岗位的内部培养周期。原则上，培养周期长的岗位是企业重点关注的岗位。最后，还要考虑该岗位在外部人力资源市场的稀缺性。原则上，稀缺性越强，外部获取难度越大，企业更应给予关注。

2. 绩效及潜力评价。关键岗位识别后，要对关键岗位任职人员进行盘点。根据人才盘点九宫格，从绩效和潜力两个维度进行评价。

（1）绩效方面。一般从业绩和能力两方面评价。对企业来讲，要以业绩为主线进行评价，业绩是能力的外在体现；能力部分，一般通过该岗位的素质能力模型进行评价。

（2）潜力方面。一般从学习能力、成就动机、敬业度等方面进行评价。其中，学习能力是潜力的基础，成就动机是潜力的动力，敬业度是潜力的保障。

通过绩效和潜力的评价，就会形成人才盘点的九宫格。九宫格的不同人才分布，要对应不同的人才使用和培养策略。

3. 人才盘点。人才盘点的评价工作是人才盘点工作的开始，人才盘点会才是关键。通过人才盘点会，可以校准人才盘点结果，统一人才盘点语言。一般来讲，人才盘点由 HR 主持，业务负责人介绍团队人才盘点情况，并重点说明为什么这些人员会分布在这些区域，这些人员具有哪些突出的绩效，有哪些明显的不足。业务团队的上级领导要对人才盘点情况进行启发、引导、质疑，对人才盘点结果达成共识。同时，通过人才盘点会，对员工的离职风险和离职影响进行分析，并据此商讨人才使用和培养策略。

4. 制订高潜人才库、人才梯队方案。通过人才盘点，可以识别出高潜人才，针对高潜人才，要建立针对性的人才档案及培养计划；通过人才盘点，还可以识别出关键岗位的人才胜任度、离职风险等，可以制订企业的人才梯队方案。

5. 年度人才盘点回顾。为了审视人才盘点的成效，人才盘点要形成定期的回顾机制，优化人才盘点的举措，形成人才培养的长效机制。

二、人才盘点的四种模式

人才盘点的模式主要有四种：

模式 1. 以 HR 为主导，对组织人才情况进行分析并形成盘点结果。这种盘点模式经常要使用在线测评工具来获取数据，直接将盘点结果进行数据化分析。盘点运营涉及的人际关系相对简单，组织投入的工作量较小。可是，盘点结果对测评工具准确度的依赖程度却非常高；同时，业务部门不会参与到盘点过程中，盘点过程的公平性和结果的可靠性就可能被质疑。因此，这种模式适用于被盘点人数较多、希望在宏观上对人员能力水平有所了解的组织。

模式 2. 以业务部门为主导，由直线上级结合工具的测评结果和被盘点对象的平时表现进行汇报，盘点出的人才与业务的契合度高。同时，在准备盘点的过程中，提升业务部门的识人用人和组织管理能力，统一组织内部的用人观。这种模式的准备工作量较大，需要对直线上级进行多次培训和辅导。因此，这种模式适用于希望打通人才与业务的联系、通过人才梯队建设支撑业务发展的组织，且对公司高层的参与度有很高要求。

模式 3. 由业务部门主导，但组织已经将评价组织和人才的能力进行了内化，盘点过程中不需要或很少使用评估工具。这种模式通常被作为一项常规的业务流程，在承接公司战略解码会的基础上，系统盘点组织和人才情况，是一项战略落地工具。需要注意的是，这种模式固化不是一蹴而就的，通常由模式 2 积累演化而来。

模式 4.HR 对业务和人有很深的理解。这种情况不常见，适用于规模较小的组织。

以上四种模式既有区别又有联系，需要注意的是，企业的人才盘点模式不是一成不变的，而是一直处于动态演进中。对于一家盘点技术积累不足、内部文化保守、派系复杂的企业，开始便采用模式 3，并不是好的选择。明智的企业会选择模式 2 作为切入点，借助测评工具和外部机构的力量，打造业务管理者识人用人的能力，同时为人才盘点流程化破冰奠定基础。

三、盘点运营成功的关键

一个人才盘点项目的成功，不在于形式。当公司不顾一切地模仿最佳实践，强调流程、形式的正确性时，就为其失败敲响了警钟——忽视、遗漏、误解了决定成败的挑战性。

对于在人才盘点方面刚起步的中国企业，盲目照搬西方公司的经验，是很难取得成功的。现实中，忽视了企业的文化特性和业务管理者的人才管理能力而造成的失败比比皆是。

人才盘点项目成功的实质在于将人才盘点融入业务的运营体系中，关键在于使人才盘点成为管理者日常管理工作的一部分，培养管理者识人用人、知人善任的管理意识，把对员工的选拔、评价和发展作为管理者必须具备的一项核心管理能力。

在设计人才盘点体系或项目伊始，可以参考以下原则，回归管理的本质。

1. 推进整个人才盘点流程的第一责任人是业务负责人，不是 HR。HR 只是方法和工具的提供者与促导者。

2. 不管是对组织结构的盘点决策，还是对关键岗位人才的盘点决策，都要将公司的利益放在第一位，而不是部门的利益。

3. 人才盘点是一项选择，需要做减法。人才评价的结果，比如高潜力人才的数量，要跟随后的发展资源投入相平衡。高潜力人才过多，而培养资源有限，反而会减弱整个人才盘点活动的意义。

提高“组织知识资产”管理水平，夯实赋能基础

在经历了知识资产化、知识社区分享两个发展阶段后，借力移动互联网和大数据技术的发展，知识管理终于发展到知识赋能阶段。

知识赋能阶段的特点主要体现在三个方面：一是知识本身内涵的扩展，从传统的事后知识到实时知识；二是信息和知识数量的大爆发，这得益于连接数量的剧增，包括人与人、人与机器以及机器与机器的连接；三是对信息的分析处理和对知识的利用能力的空前增强，包括对非结构化数据如文本、视频以及对海量数据处理能力的提升。

在知识赋能阶段，简单的文档存储、人与人之间对信息或知识的简单分享已无法满足客户服务的需求。为了实现客户和企业之间的双赢，组织必须进行整体服务智慧的进化升级，用整体系统化的解决方案应对大数据时代的服务价值创造和服务竞争问题。简而言之，知识赋能阶段，客服中心的知识管理不是传统意义上的对知识做管理，而是构建组织服务智慧自演进体系。

2016 年成立的水滴学院就是一个缩影，通过整体运营与平台构建，推动战略落地、人才培养、业务促进、知识分享、品牌提升……把蓝凌人当作客户来服务，把课程当作产品来设计和运营，离不开赋能内容的精心打造，也离不开 IT 平台的有效支撑。从多维度的知识仓库到多角色的知识门户，从产品、运营等知识地图，到以讲武堂为代表的线上培训，

从专家、爱问、黄页组成的知识社区，到万千知识包打听的智能机器人，到每日一学、每日一考的移动平台……依赖八大模块，将赋能发挥了巨大作用。

从品牌包装到日常运营，水滴学院力图走出自己的新路。从可爱的吉祥物——水滴宝宝到各场景应用 VI，提高了水滴学院的辨识度。再加上一系列专题活动与精品课程策划，如项目资产 PK、达人访谈、知识收割、O2O 水滴小讲堂等创意手段，水滴学院收获了众多粉丝，让员工的学习乐在其中。

从新员工管理，开启企业全面赋能、员工赋能，这不是一个由单一部门、单一职能就能解决的问题。赋能和绩效管理一样，是员工工作生活中不停螺旋上升的整体闭环，即使各环节没有系统支持，也要做完这个环。

在新员工赋能方面，可以针对新人多阶段、多场景、多岗位等特点，进行牵引成长；高管可以对新员工构成、培训支出、导师绩效，进行实时掌握；直线管理者可以对新人的学习、考试、任务等，进行全线跟踪；HR 可以推进学习、配给资源、统计相关数据，达成多方共赢。

知识管理的目的：

1. 提高组织智商。一个人聪明不叫聪明，提高组织智商很简单。1 + 1 等于几？学过物理的都知道，力有大小和方向，当方向相反时，1 + 1 等于 0，拔河就是这样。但如果做得好，1 + 1 就会等于 2，甚至按照现在的技术手段，能大于 2，就成了组织智商的概念。

2. 减少重复劳动。把流程做出来，知道这件事怎么做，并不取决于公司有多少高人，只要有一个高人，其他人都能按照高人的做法去做；减少重复劳动，不要重新制造车轮，只要把东西拿过来为我所用即可。很多时候借力比努力更重要。

3. 避免组织失忆。优秀的销售人员离职，并不能把公司的知识带走，包括客户、保证知识产权。避免组织失忆，不管是文档还是各种制度。惠普最在意两点：一个是销售体系，一个是研发体系。比如，推动知识大师计划，让优秀人才在利益的驱动下，把经验和做法贡献出来；做战略规划辅导，把各事业部未来五年的路线固化下来，不管换谁来做，只做个简单的微调即可，不用推倒重来；师傅带徒弟，只要是新员工，都搭配师傅，减少犯错误的机会，让他更快成长。

知识管理的难点在于隐性知识的显性化。公司的知识就像冰山，能描述出来的只是冰山一角，大部分都处于水下，是“缄默知识 / 隐性知识”，无法描述。对于显性知识，公司可以通过开会、培训等方式传播；而隐性知识则需要用行动去扩散，同时要用显性知识带动隐性知识。

推动员工成为自我驱动型的员工

管理学大师德鲁克说：“企业可以雇佣一个人，但只有该人能决定为企业奉献 10% 还是 90% 的努力。”企业要学会为员工赋能，让员工成为自我驱动的引擎，成就自我，成就组织。

李先生是酒店的忠实客人，他爱人喜欢照相，出门在外，都会用相机记录他们的生活。酒店工作人员之前为他们打印过许多照片，他们都非常喜欢。酒店客户服务部的工作人员得知，在李先生入住期间正好是他 64 岁生日，决定用一种比照片更有意义的方式来记录他们最幸福的瞬间。工作人员在网上购买了定制的画布、颜料和画笔，利用下班和休息时间，花费了一个星期的时间，绘制了一幅精致的油画。生日当天，工作人员将油画送给了李先生，李先生非常激动，说："这是我收到的最特别且最难忘的生日礼物，这一天也是我最难忘的，因为我是在 ×× 酒店度过的！"

案例中，酒店工作人员具有极强的洞察力，发现了客户的潜在需求，为了给客户带来惊喜，自发利用下班和休息时间，绘制了一幅油画，送给客人，给客户留下了难以磨灭的印象。客户体验到了惊喜的服务，必将成为该酒店的忠诚粉丝，并自愿主动地帮助企业进行口碑传播，推荐其他客人入住。

在世界众多的广告语中，最经典的莫过于 Ritz-carlton 酒店的"我们以绅士淑女的态度为绅士淑女们忠诚服务"，在该酒店案例中，这一核心理念也得到了完美执行。

外行看热闹，内行看门道。那么，这种创新服务和员工的积极主动意识，能否被运用在其他行业，帮助企业对员工进行赋能？当然，一切皆有可能。

一、搭建一个覆盖全员的学习图书馆

可以建立一个能够涵盖全员的沟通平台，让员工在各种移动端和 PC 端随时进行学习。在平台内容的构建方面，纵向可以分为"基本—中端—高端"等不同层级；横向则跨越多个领域的知识，比如财务、供应链等不同专业的学习内容。还可以给各部门主管开放运用平台的权力，如在平台上针对部门员工进行考核，或制订专属部门的学习计划，等等。

二、学习顺应员工本性，不能太功利

十年树木百年树人，让员工得到改善不是短时间的工作，需要持续推进和不断完善，不能将其变成一个功利性的东西，不能将学习跟薪酬、绩效、晋升等进行挂钩。否则，虽然操作起来较为容易，也可以较为立竿见影地刺激更多员工去学习，但专业知识和经验靠的是持续的学习和积累，而不是某种外在因素的刺激。

三、鼓励员工分享，激发上进心和荣誉感

开展工作的时候，要以为员工成长发展赋能为目标。不仅要搭建在线学习平台，还可以设立线下的培育型课程，如店长培训项目、中阶干部的领导力培训、内部讲师培训等。除了选拔和发展内部讲师授课，还要让高管更多地参与到培训项目中，直接培育下属。

管理者要鼓励有学问、有经验和想法的同事积极跟他人分享，灵活安排分享时间，提升员工的参与感，让分享者与听众进入一种互相分享的状态。每个人都有擅长与棘手的一面，取长补短的分享活动，也是促进员工成长的重要方式。

更重要的是，鼓励员工分享还能激发其上进心和荣誉感。作为学习者和分享者，是完全不同的体验。成为后者即意味着自己的专业能力得到了认可，其内心会得到极大的鼓励。

四、充分授权，赋予员工自主发挥空间

关于为员工赋能，虽然分工协作能够提升工作效率，但也会使员工个人的能力被狭隘化。只负责其中一个环节，积累的经验往往会有限。当这个人被提升到一个管理岗位时，会缺乏纵观全局的能力。这就是过度分工

带来的危害。

既然拥有职权的人不能全面性地胜任他所承担的工作，分权就变得异常重要了。管理者应该决策：某项工作要不要做？如何分拆？由谁去做？具体任务该怎么做？通过充分的授权，鼓励员工多承担挑战和任务，并给他们提供独立思考和决策的空间，才是培养员工的正确方式。领导在工作中过度决策和管控，也许会创造短期效果，却会让员工渐渐失去独立思考和勇于负责的能力。因此，管理者要学会合理且充分地授权，给员工提供自主决策和创造发挥的空间，激发他们为工作主动学习，提供承担责任的能力。

五、从管理到赋能，寻找事业型人才

一般来讲，企业组织里有两种人，一种是职业型的人，另一种是事业型的人。职业型的人需要的是传统式管理，上班打卡，下班打卡，他觉得我来公司就是来帮助完成一些任务，为了拿到全额的薪水努力，他们会做好分内的事情。但是，对于事业型的人来说，打卡没有任何意义。他心系工作，自然会尽心把事情做好，公司不需要用条条框框来管理他。因此，对于后者，公司要整合各种资源、信息，制订相关的机制来给他赋能，提升其创造价值的潜能。

学习同样如此。硬性要求员工被动地学习，是很难产生效果的。回到以人为本，是未来企业学习的必然趋势。

建立“赋能机制”——岗位培训

领导者都希望自己手下能有一支能征善战的高绩效团队，如何发挥领导力打造一支成功的高绩效团队，是许多领导者不断思考的问题。

管理是一种实践，其本质不在于知，而在于行。衡量和检验管理的唯一标准是绩效和成果，组织的管理者只能以所创造的经济成果来证明自己存在的价值和权威。从实践的角度看，高绩效团队必然是由员工“想干—能干—干好”三个环节构成，要实现这三个环节的良性循环，必须对团队赋能，激活个体。

在VUCA时代（不稳定Volatile、不确定Uncertain、复杂Complex和模糊Ambiguous），管理者最重要的工作是为员工赋能。在人才智能时代，所有的管理最终还要回归到本质，关注团队中的个体，注重人的价值观和动因，关注团队中人才的激励、培养、成长和发展。

今天的人力资源越来越强调员工激励、赋能，要释放每个人自主的创造力。团队激励，是团队应变力、竞争力、创新力的源泉。管理者必须为员工赋能，让员工成为自我驱动的引擎，成就自我，成就组织。

员工是组织赋能的客体，也是发挥能量的主体，赋能的最终落脚点是在员工身上。这里，如何让员工感受到能量与支持，激发起内心赢得竞争的动机，提高其创新与学习能力，是赋能的关键。而授权的前提是，员工具备相应的能力，能合理支配权力，科学做出决策。

企业在授权赋能的同时，要注重对员工系统的培养与培训，要建立与各层级胜任素质模型相匹配的培训开发体系，及时提高员工能力，更大地发挥赋能的价值与作用。

一、使命认同

有这样一个小故事：

两个工人一起在工地里搬石头，累的汗流浃背。一位老者过来问："你们在干什么？"甲回答说："我在搬石头。"乙回答说："我在修教堂。"十年后，回答者甲依然在搬石头，唯一的变化是背有点驼了，而乙已经成为一个令人尊敬的牧师。

做同样的事情，有无使命感，结果可能大不相同。程序员每天的工作就是编码，如果没有意识到编码的意义所在，工作就会变成非常枯燥。管理者既要保障员工基本的薪酬和福利，还要保证做到员工的贡献越大，获得的回报也越大。但是如果没有使命感，员工依然会觉得只是在混日子或混工资。有了使命感，无论遇到什么困难，都会千方百计去克服，并且具有百折不挠的精神。

二、愿景认同

使命感是内在动力，但员工只有使命感还不够，管理者还需要给员工描绘奋斗的路径和愿景，并让员工认同这个愿景一定可以达到，否则他就会迷失方向、失去信心。

有名员工的干劲没有过去那么足，组长找他谈话。原来他虽然认同公司的规划目标，但发现并没有想象中的美好，于是开始怀疑公司的未来方向，对公司失去信心，对自己的工作也失去了兴趣。组长仔细描述了公司未来的发展规划，无论从成本上、效率上，还是从管理难度上，公司发展前景都很乐观；此外，组长还给他分析了公司最近的经营模型，经过大家的努力，经营数据越来越好。听完之后，这名员工又信心百倍地投入到工作中了，经过不断地探索和实践，这名员工的业绩越来越好。

很多时候，员工并不会为了目前的困难而担忧，而是为未来担忧。如果对未来充满信心，现在所有的困难都不算什么，一定有办法克服，关键是要让员工认同企业的愿景和使命。

三、企业文化认同

任正非曾经说过："资源会枯竭，唯有文化才能生生不息。"企业文化是一整套共享的观念、信念、价值和行为规则的总和，能在企业内部形成一种共同的行为模式，是企业文化最强大的力量。因此，一定要让员工接受企业文化的培训。如果不能认同企业文化，就不适合一起奋斗。但是，将企业文化只是写在墙上，并不能发挥多大的作用，一定要让员工深刻认同，真正变为自己行动的准绳与指导。而且，企业文化不只是用来培训的，更应该是用来考核的，只有在考核标准中融入企业文化，才能不断纠正员工的行为偏差，使其越来越符合企业文化的要求。

四、赋予工作技能

优秀人才被招聘进来，结果忽视了培训，基本工具还没掌握，就开始工作，必然无法取得理想的结果。有的部门不停地招人，不停地有员工离职，永远缺人。如此，不仅会增加人事部门的招聘成本，增加员工的压力，还会增加公司的运营成本；而且，这样的部门，业绩肯定好不到哪里去。因此，一定要重视员工技能的培训。

五、赋予管理技能

经验告诉我们，一个公司 70% 的优秀员工都是被平庸的管理者折磨走的。决定一个人能不能取得卓越成绩的最大影响因素来自于他的直接主管。优秀的上级管理者就像催化剂，不是内因，却是一个重要的推动力量。

对一个人影响最大或对一个团队影响最大的，往往来自直接上司，他是组织环境、文化核心决策的决定因素，是决定团队状态、员工敬业的最核心影响要素。部门换个领导，结果可能完全不一样；同样，换一批员工，所做出的成绩也会截然相反。

2001 年 10 月 7 日，米卢率领中国男足冲出了亚洲，实现了中国足球 44 年的梦想。不仅如此，从 1986 年开始，米卢曾先后率领墨西哥队、哥斯达黎加队、美国队、尼日利亚队和中国队等 5 支不同的国家队冲入世界杯。由此可见，教练是影响一个球队的最大因素。

员工（含管理者）培训的主要目的或主要目标是“三个认同、两个赋能”：认同使命、认同愿景、认同文化、赋予工作技能、赋予管理技能。公司培训工作最关键的是通过外部资源和内部资源加强对各部门主管的培训，提高管理者的管理技能，能让他们带出一支能征善战的队伍。

建立炮火驰援机制——跨部门跨岗位的协同

"人"的需求动机的变化和进步，一方面来自组织的进化，另一方面来自于"人"自身的进化。

随着教育程度的普及和信息共享，"全民学习时代"已经到来。在互联网时代，人力资源的禀赋环境在各个方面都有了巨大的进步。而且，由于信息技术的进步和资源分布协同的实现，使平台化组织、柔性组织、敏捷组织、自管理、合伙组织等成为现实，使得组织中"人"的需求动机变得复杂化和层次化，甚至出现了向"自我实现"等层面演进。

员工和组织层面的关系，包含着智慧、能力和工作，为组织创造价值，从而获得报酬。同样，也包括被尊重、成就感、归属感、人际关系等。两个基础不会发生改变，是维系员工和组织合作关系的基石。即使在公益性组织，参与者没有获得报酬，但通过对社会或弱势群体的关注、付出和爱护，仍然会获得足够的尊重。这是需求动机中的非物质力量。

在互联网时代，员工在组织中的需求动机呈现出四个新特点，如表1所示：

表1　员工需求动机的四个新特点

特点	说明
自我参与	员工都想参与到公司的决策、运行和过程的改进中。这种自我参与的欲望，不是传统工业时代管控下的参与，而是网络协同下的参与。员工认为自己有能力参与和决定公司发展，这是一种客观的进步。
自我主导	在某件事情、某个任务、某个团队中，员工希望主导事情的进程并实现预期的结果，而不是传统工业时代的盯梢儿管理。员工的驱动力来源于领导者的判断，告知员工行不行。而互联网时代更多的是自驱动，外在表现就是自己主动地将一件事干成。
一线决策	在任务的实施过程中，员工希望自己决策，而不是传统工业时代的"事事汇报、事事请示"，也不用等待和依赖领导的意见。因为员工认为，他们最懂客户、最掌握一线情况，事实上确实如此。在"以客户为中心"的时代，任何决策和运行都要贴近一线、贴近客户。
自我实现	员工的成就感来源于自我参与和自我主导。人和组织是互为一体的，组织机构设计、组织机制和组织运行体制，必须满足四大需求动机，才会产生巨大的组织活力。

传统的一般性看法是，经理和员工之间是管理和被管理的关系，反映了员工在组织中的角色和发挥价值的途径。员工必须依赖上级传达的目标、任务和指令来开展工作，并达成结果。而在互联网时代，这种认识和做法已经落后，必须重新审视和规划员工与管理的关系，并做出有效的抉择。

在这个过程中，要注意实现三个转变：

1. 由"岗位螺丝钉"向"岗位专家"转变。在互联网时代，每个员工都是某个工作领域的专家，只要被赋能被激活，就会表现出远远超过上级领导和公司想象的专业程度和专业价值。员工的专业度是创造公司价值的基石，"岗位专家"是互联网时代最具有想象力和生产力的人才基础。

2. 由"被动接受"向"自主自发"转变。员工被动地接受上级的指令，上级的价值逻辑就是员工的结果水准。实际上，员工自动自发地进行思考和行动，创造出的工作价值可能会远超过上级的价值逻辑。这是一个伟大的转变。

3. 由“科层控管”向“任务协同”转变。围绕科层管控，管理方式是由上到下的“金字塔方式”，即位于塔尖的高层决策者和中间地带的主管发号施令，层层传递，最后到了终端——员工被动执行。科层管控的逻辑前提是员工是完全的执行者，而放大了高层决策者和主管的作用，这在以“共享”为主要特征的互联网时代，则是一种组织悖论。而“任务协同”是面对工作，由相关人员共同完成，高层决策者和主管可能只是其中一员。因而在互联网时代，高层决策者或主管在面对具体任务时，能否迅速切换角色，这将是一个巨大的挑战。

员工和管理关系的变化，反映了公司对员工实现价值的理念和方式。未来，员工不会是被动接受者和执行者，他们会以“任务主人”的姿态，游走于组织的各个层面。“任务主人”，是互联网时代反映员工和管理关系的形象描述。换句话说，过去是“以权力为中心”，而现在是“以员工为中心”，这必然会带来组织模式和管理方式的本质变化。

第六章

如何让企业组织赋能？

组织管理：构建全新的劳动关系

企业和个人不是传统的雇佣关系，更是一种联盟关系，是一种建立在平等基础上的合作关系。

2016年，前谷歌执行董事埃里克·施密特在其著作《重新定义公司》和《重新定义团队》里介绍了谷歌日常工作中的“赋能”，引发了外界对于“赋能”的热议。可以预测，虽然现在还无法搞清楚未来的组织会如何演变，但未来组织最重要的功能已经非常清楚，那就是赋能。

互联网时代，要做去中心化的赋能者。当商业大佬都在谈赋能时，赋能是什么？组织又该如何赋能？

一、赋能而不是管理

赋能最早出现在积极心理学领域，旨在通过言行、态度、环境的改变给予他人正能量，后来被广泛应用于商业、管理学等领域中。管理者通过对员工赋能，使员工感到自己被信任，从“被驱动”转变到“自驱动”，调动个人主观能动性和创造性，最大限度地发挥个人才智和潜能。最终结果，不仅提升了个人效能，还提升了企业竞争力。

企业可以看作是一个依赖自上而下控制的大型机器，在具有高度确定性的时代，传统的命令控制体系十分有效，但在错综复杂的时代，速度和敏捷性要重要得多。因此，管理者要为下属赋能，做到“双眼紧盯，双手放开”。

优秀企业之所以能够成为善于调整、适应能力较强的组织，其核心在于共享意识的“阴阳对称”。要达到这一点，就要严格去中心化，实现多方交流，提升组织的透明度，实施赋能。只有将这些因素综合起来，才能使企业的实力大增，任何一个单一因素都无法做到这一点。

在传统工业时代，基于泰勒的“经典还原理论”创立的商业组织可以看作是一个超级机器，为了让机器有效运转，企业采用的是高度标准化、集权化的组织结构，权利分配自上而下，保证了组织的稳定和高效。在这个大型机器中，每个员工都是一颗螺丝钉，可以被任意替换。虽然每个人在各自职位上被赋予了一定的权利，但要受到来自上级的指挥和控制，每个想法和动作都要上报，得到批准后才能执行，员工的主观能动性和积极性被严重抑制。

在移动互联网时代，多元化劳动队伍正在形成，传统雇佣关系正走向崩溃。信息技术的快速进步导致工作方式、沟通方式等发生剧烈变化，信息不对称被打破。员工也在向“创意精英”转变，内部员工的自主性、独立性得到强化，尤其是 90 后新生代员工不再愿意做企业的附属品，强烈要求体现自身的价值创造需求。

精英群体内在的创造性、积极性不再需要来自外部的激励，而是来自于内驱力，这就导致了组织从简单的“赋权”更要转变为“赋能”。虽然只有一字之差，但差别却很明显。赋能充分调动个人的积极性、主动性，赋予员工有更大的能力，给予员工更多的资源和支持；组织中所有的个体都是主动的，能够进行关键性思考，而不是简单地执行命令。

传统公司，每个员工都是网球运动员，公司和员工是一种博弈关系。未来公司，每个员工都是高尔夫运动员，公司和员工是场地和玩家的关系，打球的动作由运动员自己决定，运动员要对成绩负责。

二、如何解决赋能时代下的员工管理

1. 明确企业领导的职责。在传统管理模式下，按照剩余价值论，企业领导就是股东，员工是创造价值的主体，企业领导剥削员工的剩余价值，员工获得部分劳动价值赖以生存。但是在赋能时代下，企业领导这部分职责已经被弱化，企业领导只有做好指引方向、提供方法、凝聚人心，才能管理好新生代员工，实现共赢发展。

2. 给员工创造机会。要给员工提供试错的机会；要给员工按照其能力施展的机会，给他们提供挣钱机会；企业领导全面引进 EAP（员工帮助计划），帮助新生代员工成长，实现其个人价值最大化；将员工个人能力的提升和组织发展有机结合起来，为其创造或提供不同的平台和机遇；领导者要在幕后发挥影响力，把冲锋陷阵的成就感留给下属。

3. 留住新生代员工。赋能时代下，要想留住新生代员工，必须掌握以下三招：

（1）薪酬和平台。马云说："员工离职，要么钱没到位，要么心受委屈了。"这句话说得非常到位。尽管新生代员工都不太看重钱，但是钱没给到位也是万万不行的。如果薪酬不能给到位，就要提供平台，满足新生代员工激励的需求。

（2）愿景。没有愿景，面对外界的诱惑，员工的内心就会无比脆弱。在新企业领导经济下，有愿景才有目标，有目标才有希望，有希望才能有驱动力。

（3）魅力。尼克松说过："领导者必须要有追随者，才能称之为领导。"组织领导的权利来自两方面：一是组织赋予的权利；二是领导者自身拥有的个人魅力。古人言"士为知己者死"，就是领导者自身魅力的最佳体现。

赋能时代下，如何"选、育、用、留"好新生代员工，最终还是取决于领导者自身。

高效团队：打造高效协作、信息共享的团队

2015 年，阿里巴巴总参谋长曾鸣提出："未来组织最重要的功能已经越来越清楚，那就是赋能，而不再是管理或激励。"无独有偶，领导追捕基地首领扎卡维的斯坦利将军，也在其畅销书《赋能》中全面而深入地揭示了赋能的历史、优点和必要性：在伊拉克战争中，斯坦利发现，虽然自己麾下的特遣部队是训练精锐、装备精良的部队，在实际战斗中，占据优势的却是缺乏训练而资源不足的基地组织。究其原因，就是基地组织强悍、韧性和灵活。

如何打造灵活的团队？斯坦利将军引述了海上骁将纳尔逊的故事：

在纳尔逊时代，海军作战的常规是：双方舰队保持一段距离，互相对轰，直到一方败走。纳尔逊打破了这个老规矩，带头冲进对方船队，展开了近距离厮杀。在这种亡命的冒险精神下，对手即使能够预测到他的战术，也无法打败他。

画在图纸上或在桌面上进行小模型的推演，很多人都会觉得纳尔逊这一大胆的行动没什么了不起，似乎连业余的人都能做到。可在日常的航行中，仅观测管理所有 8 层甲板上每个船员的动作就已经困难重重；在战斗中，这更是一个不可能完成的任务。所以，一旦开始混战，所有的单个指挥官都必须自行决断，发挥主观能动性。

与之形成鲜明对比的，是几英里外的法西舰队，还处于严格的权威统

领之下——拿破仑禁止海军中将在任何阶段告诉其舰长们击败英国人的大战略将会是什么样的。

1805 年的特拉法尔加海战一役，拿破仑方面有 19 艘战舰被英方俘虏，而纳尔逊方面没有损失一艘战舰。

这一战役中纳尔逊获得了彪炳海军历史的战略成功，他取胜的关键就在于：不能让士兵机械地去执行命令，要调动士兵的自发性，给他们充分赋能。

一、信任文化

作为世界十大特种部队之一的美国海军海豹突击队，训练的第一步是在队伍中建立起互信。在“冲浪通行”项目中，只要一个人失败，整个小艇就会倾覆，小艇上的整个团队都会受罚，受训者也会从中学会合作。

团队员工之间互相合作、互相信任、把团队的目标当作自己的目标，员工只有在看到现实环境是各部分互相依赖着时，才会互相协作。对于团队员工来说，建立互信似乎是顺理成章的事，但在自上而下的指挥体系中，领导者会将各大工作分解成小任务分配出去，接受指示的人不用了解同事，只需听命于上级即可。

指挥体系里，重要的联系是垂直隶属关系，而团队建设则是一种水平关系的架构。所以，要打破这种束缚与壁垒，让团队员工建立信任感。同时，团队员工必须都向同一个目标努力，明确知道到底什么是“正确的事”。

二、小团队化

大团队大平庸，小团队高效率。大团队大平庸，会因为冗长的决策流程而降低创造力；小团队高效率，会因为精简的人员架构而反应灵敏。在小团队中，每个人都要认识其他团队员工并建立起互信，同时都要一直保持互相的了解，才能有统一的目标。在一个由 25 人组成的团队里，做到这一点不难；在一个 50 人的团队里，做到这一点也是有可能的；但是对超过 150 人的团队，就有些难度了。在一支由小团队构成的大团队中，个体员工无须与其他所有员工建立起关系，只要在大团队的各个小团队之间建立起小团队内部各员工之间的关系即可。

三、体系管理

体系思维的核心是，一个人至少对整个体系有最基本的了解，才能把自己的那部分事情做好。实现体系管理的方法是信息共享，需要在组织内部做到前所未有的透明度。对传统机构来说，需要进行比较艰难的企业文化转型，需要严格地推行，使组织内能够出现共同的群体意识。仅将大团队打散成小团队，会造成信息的接口失灵，会产生沟通上的断点。

领导者要建立一套体系思维，构建畅通的信息沟通机制，将小团队的创新能力拓展到大型机构的层面上。那么，怎样才能在一支由小团队构成的大团队中建立起信任关系，建立前所未有的透明度呢？可以采用委派代理人的方式，有效地达成目标。员工不用认识整个团队中的其他员工，只要 A 团队中的每个人了解 B 团队中的某个人，同样，不需要每个人去跟进所有正在实时进行的行动，只需让一支团队在一个互赖性很高的环境中行动，使其明白自己的行动有可能引发蝴蝶效应即可。

团队员工知道合作者工作的难处和重要性，才有利于达成战略上的成功，而非战术上的成功。在快速变动的今天，团队协作必不可少。通过赋能，领导者就能学会如何激发团队员工的自发力，打造出能够应对不确定性的敏捷团队。

员工能力：培养员工更加多元化的能力

中海集团（以下简称中海）是中国建筑港澳业务运营平台、房地产和海外业务的旗舰企业，资产规模达6，715亿港元，经营范围涵盖地产、承建、基建投资、物业管理等多个领域，在融入香港、建设香港等方面做出了卓越贡献。

中海立足于中国传统文化，积极吸收西方经营管理的精髓，加大内派员工和港聘员工的培养力度，逐步建立起了以经营模式和员工队伍本地化为主要内容的跨文化管理体系。具体来说，主要有以下几个方面：

（1）内派员工队伍建设。在公司管治、文化传承等方面，内派员工一直都发挥着积极作用。中海加强了内派员工的培养和任用，提升内派员工的能力，确保内派员工能够在各个层面持续发挥关键作用。公司针对各人的不同职业发展阶段，通过科学的管理工具和方法，引导内派员工自觉地沿着公司规划的职业发展路径前进。内派员工在公司的发展共包括四个典型阶段：组织进入期、入职培养期、成熟发展期和核心骨干期。公司会制订具体的培养管理办法，明确内派员工的培养时间、机制、方法等；实施导师责任制培养模式，让每位地盘经理为导师，与新来内派员工签订培养责任书；处于培养期的内派员工必须按月提交工作汇报，每隔半年时间参加内派考核谈话；……

（2）港聘员工队伍建设。公司积极推行本地化经营战略，从招聘、培养、激励等多方面着手，不断完善港聘员工的选拔、培养体系建设，为港聘员工的职业发展提供全方位的帮助和支持，实现由专业到管理、由基层到高层的广阔职业发展。

（3）参与学徒训练计划。“学徒训练计划”是香港职业训练局推行的一项人才培育计划，针对的是在香港建造业议会训练学院就读的学徒，为他们提供了边读书、边学习、边实践的机会；通过 3 ~ 4 年的时间，引导他们认识了解建筑行业，坚定从业意向，获得相关职业技能。自 2009 年开始参与到 2016 年底，已经有 68 位学徒完成学业。

中海坚持“拓展幸福空间”的企业使命，根据员工的不同背景、不同特点、不同定位，围绕聚心和赋能两个维度构建跨文化管理体系，凝聚员工的信心和认同，增强向心力和归属感，将员工个人发展与企业长远发展融合到一起；同时，培养员工的素质和技能，提高他们的工作效率和成长速度，为企业的可持续发展提供了坚实的人才保障。

“赋能”，顾名思义，“赋能”就是为谁或为某个主体赋予某种能力和能量，其实还可以将“能”解读为“技能”和“能力”，因为这是组织正常运转的基础之一。培养员工的多元化能力，是组织的重要任务之一。

一、善于沟通

只有沟通，且善于沟通，才能更好地了解对方，建立良好的人际关系。要让员工具备“一言兴邦”的沟通能力，鼓励他们用最合适的方式将自己的想法表达出来，知道哪些话该说，哪些话不该说。成功的沟通是双向的，既要让员工具备好的表达能力，还要鼓励他们善于倾听。

二、懂得自律

自律的人会让目标决定自己的行为，而非个人情绪。比如，面对金钱的诱惑，他们能想到“君子爱财，取之有道”；面对工作或娱乐，他们能选择果断地拒绝；他们懂得“断舍离”，能更加专注于自己的目标。因此，提高员工的自律意识也是组织管理者的一项重要工作。

三、高效完成任务

在同样的时间里，更好更快地做好工作，才能创造更多的价值。面对大大小小的工作，要让员工学会合理安排规划。在上班之前，可以让他们按轻重缓急做好工作排序；在工作结束之后再进行整理回顾，看看哪些方面还有待提高。

四有时间观念

时间就是金钱，要让员工掌握个人时间的主导权；同时，更要守时。这既是一种礼貌的体现，更是一种自我素质的体现。守时最好在约定时间10分钟内，太早和太迟都不好。守时在工作中表现为：按时完成工作任务，不拖延，不懈怠。

五、独立思考

不要随波逐流，要让员工提高自己的鉴别能力。别人的观点只能作为参考，最终依然需要自己做决定。要培养员工的科学思维，客观、全面、辩证地看问题，让他们的选择更果断；同时，要让他们学会和自己独处，静下心来反思，做自己的好朋友。

六、抗压能力

让员工锤炼自己的心理素质，练就一颗平常心，不以物喜，不以已悲。在工作上，取得成绩时能不浮躁，遇到挫折时能不气馁。要让他们从小事做起，脚踏实地，一步一个脚印，先把小事做好，继而完成大事。

七、团队精神

团队精神，是大局意识、服务意识和协调意识“三识”的综合体。优秀员工会先集体后个人，秉承团队精神，让集体发挥“1＋1大于2”的效果，他们之间相互信任，相互包容，相互补台，相互谦让。

八、承担责任

优秀的员工都对工作有责任感，面对急难险重的任务时，他们会挺身而出，勇挑重担；在面对问题、出现失误时，他们会不掩饰、不找借口，主动承认错误并分析失误原因。同时，他们还能在工作中不断完善自我、不断进步。

九、平衡生活

要让员工在工作和生活之间寻找一个平衡点，不要让他们将工作压力带回家，留出休整的空间，与他人交谈倾诉、阅读、冥想……在工作之外，鼓励他们培养一种有益身心的兴趣爱好，持之以恒地使用自己喜欢的方式，培养理性的习惯，逐渐体会它对身心的裨益。

信任网络：拥有良好的信任机制

2009年4月的一天，4名手拿AK–47突击步枪的海盗登上了马士基·阿拉巴马号集装箱运货船，控制了桥楼，劫持了“阿拉巴马”号的美国船长——理查德·菲利普斯。菲利普斯试图逃跑，海盗使用暴力殴打他，并用他的生命来威胁美方，进行谈判。

美方向事发地点派出两艘军舰——驱逐舰“班布里奇”号和护卫舰“哈里伯顿”号。四天后，三名海豹突击队狙击手通过降落伞降落到“班布里奇”号舰尾处。他们浸泡在冰冷的海水中，通过望远镜来观察救生艇上的局势，等待在最佳时刻击毙海盗并营救船长。

由于救生艇上只有两扇很小的窗户，再加上夜间视线受限，海豹突击队的队员只能看到三名海盗中的两人，如果仅击中两名海盗势必会打草惊蛇，另一名海盗极有可能伤害船长。三名狙击手只能等待，将三名海盗一起干掉。冰冷的海水和几乎静止的空气都在考验着海豹突击队的队员们。

在紧张得令人窒息的对峙气氛中，时间很快过去，海盗终于忍受不了艇舱内没有流动的空气，打开了救生艇前端的一个小舱口。这时，三颗子弹从“班布里奇”号的舰尾射出，三名海盗同时毙命，菲利普斯终于获救。

此次的营救行动如同传奇一般广受赞誉，三个狙击手像同一个人一样思考才能在没有商议时间的情况下同时进行射击，并取得成功。海豹突击队队员们之间的默契配合使得营救行动取得了成功。那么，是什么使得海豹突击队的队员们有如此这般的默契呢？良好的信任机制！

不论是在军事作战还是在商业领域，团队员工的互信都发挥着重要作用。海豹突击队的队员训练时，教练告诉他们：必须具备合作意识，即使是游泳训练也必须有个泳伴，这些伙伴不仅成为高效的工作搭档，更是生活中的挚友。在合作过程中，他们之间培养了深厚的信任、默契，形成了对组织与工作的信仰，接收到任务后，他们就能用超高的默契配合完成任务。这就是他们能够创造一个个传奇的秘密所在。

在军事组织中，团队队员之间的彼此信任能够有效提升队伍的作战效率。同样，商业领域中，公司员工之间的彼此信任也能够提升工作效率，创造商界神话。

1995年，马云受浙江省交通厅委托到美国催讨一笔债务。虽然没有催债成功，但他在西雅图第一次接触了互联网与计算机，意识到了互联网的强大影响力，预见到了网络在未来能够带来的巨大商业影响。1999年，马云回到杭州创立阿里巴巴，临行前他对伙伴说："我要回杭州创办一家自己的公司，从零开始。愿意一起去的，只有500元工资；愿意留在北京的，我可以介绍去收入很高的雅虎和新浪。给你们3天时间考虑。"结果，没用5分钟，伙伴们就一致决定："我们回杭州去，一起去！"之后，18位"创业罗汉"一同筹集了50万元。阿里巴巴的第一个办公室就是马云的家，创业初期十分艰苦，创业者对马云的信任和彼此之间的信任凝聚成一股创业力量。如今，阿里巴巴的市值已经位列全球前十。

20世纪末，互联网在国内还未普及，拿着微薄创业资金的马云团队，如果没有足够的信任，彼此之间缺少信任，创业奇迹就不会诞生。即使是同一个部门的人也会因为信息闭塞而出现重复劳动的情况，更不用说在一个大型组织当中，部门与部门之间信息不流通，导致部门员工不知道自己在做什么，也不知道自己现在处于什么状态，如此就更会浪费个人时间及组织资源。时间长了，一旦员工的工作热情消磨殆尽，就会成为格子间的“工蚁”。

如今单打独斗的时代已经过去，组织更强调协同合作，合作必然要知己知彼，必须要在正确的事情上投入时间及精力。为组织赋能，信息共享的重要性不言而喻。尤其是人力资源从业者，不仅要做好本职工作，还要对其他员工的职业生涯发展负责，要尽可能掌握全面的信息。

管理者与员工之间的互信能够有效减少员工的流失率，能激励员工保持较高的敬业度，不断地为组织赋能。员工之间的互信能够提高工作配合的默契，提高协同工作的效率，在公司遇到发展的瓶颈时，员工之间的信任就能帮助公司渡过难关。

美国有一家超市叫全食超市，其信息公开的方法是：所有员工都能查到公司财务数据，每个团队都能了解到其他团队的业绩。而且，新加入团队的员工经过一段时间的试用后，要经过三分之二的员工同意才能转正。全食超市“没有秘密”的信息共享政策让员工感受到了来自公司的信任。此外，该公司还赋予员工优先认股权，定时向员工发放奖金，将员工的利益和公司利益紧密联系在一起。良好的员工福利不仅让员工对公司产生归属感、依赖感，也建立了信任感。

美国全食超市甚至还给予一线员工一定的决策权，如收银员有权给顾客赠品等；管理者还会定期巡访一线员工的工作，解决他们在工作中遇到的问题，如此，员工不仅能感受到被尊重，还可以对自身的工作产生认同感与安全感。一旦员工对自己的工作环境产生信任感，就会充分发挥工作的主观能动性，释放工作热情，更愿意与其它员工协同工作，从而提高工作效率。

当然，要想建立团队的信任，先要建立相同的价值观。共同价值观是全体员工互相信任的基础平台，能够引导员工认同、坚守企业文化。当员工建立共同的价值观、利益和目标时，不仅能围绕共同的价值观念和目标一致行动，还能通过聚焦使员工自然地建立起彼此的信任。构建企业文化和组织价值观念时，要秉承全员参与的原则，积极吸取和采纳员工的意愿和诉求，引导员工自觉遵守和维护这一价值观念。

自主创新：挖掘员工潜在创新能力

关于创新，这里有一个故事，可以清晰地展示创新对公司的重要性。

在美国乔治·布什洲际机场，乘客下了飞机后，走到行李处只需1分钟，而等待行李却需要7分钟。由于等待时间过长，很多乘客都会向机场投诉。

面对顾客投诉，机场陷入两难境地，究竟该怎么办？增加工作人员，虽然可以减少行李搬运时间，但会加重公司负担。美国管理学家斯蒂芬·罗宾斯经过实地考察后，向机场提出了一个建议：加长出口与行李处的距离，再将乘客的行李按新的特定路线送到行李处。

机场按照建议进行改建后，客人下飞机需要走6分钟才能到达行李处，之后再花费2分钟取行李。同样的8分钟，前者为乘客考虑遭到投诉，后者花费乘客时间却解决了投诉问题。可见，创新是公司的命脉，是公司增强市场竞争力的核心能力。员工的优秀之处不限于洞察力，还在于创新力和对卓越的追求。赋能时代，人力资源的价值在于激发员工的创造力！未来，一个重要的变化就是人力资源匹配战略的效果会发生改变。

过去定战略的周期都是三年、五年、十年，如今变化太快、周期变短，战略最大的特征是不断迭代，所以任正非才会说："方向大致正确，关键在于执行效率"。战略快速迭代，执行是关键，企业的核心就是让人力资源的效率与战略的效率更加匹配，保证员工从胜任力转向创造力。

未来，企业对员工的要求不是能否胜任，而是创造力是否强。接下来，最可能出现的情景就是：可量化、可衡量、可程序化的工作都会被机器智能取代。如今，产线工人已经开始减少，唯一不可取代的就是创造力。所以，一定要引导员工从胜任力转向创造力。

一、建立信任感

在挖掘员工的创新能力之前，首先要消除员工对集体的陌生感，鼓励他们融入团队，建立安全感，试着接纳他人，开放自我。为此，团队可以选择一些较为轻松的、需要通过合作完成的活动。随着团队员工信任感、亲密感的增加，可以自动调节员工的精神状态，提高员工的情绪唤醒水平，进而提高工作效率。

二、互动释放

通过一些拓展活动使员工充分体验信任与合作，同时设置一些情境来激发员工的创新思维，突破原有观念。无论什么活动形式，都要发挥创造性思维，找到最佳的方法和途径。当然，也要允许活动失败，失败后再重新开始，直至成功。活动之后，还要组织员工进行讨论，要求员工自我开放、坦诚表达、回馈个人的体验感受。创造性思维的自组织形成过程，就是大脑思维不断开放的过程。

三、心理干预

心理训练和心理干预，可以培养员工的健康心理素质，塑造健康的人格。心理素质的训练和培养能促进一个人创造性的发挥，心理干预活动包括以下几个方面：

（1）行为训练技术。通过行为训练来塑造新的行为，比如：对员工进行自信心训练。同时，还可以采用行为模拟、角色扮演等来提高员工的交往技能和团队合作技巧。

（2）心理分析技术。通过采用心理分析来调控员工的内部冲突及影响其行为方式的情结和经验等，如对员工的习惯性的消极行为方式进行分析，发现其心理潜能。

（3）认知领悟技术。消极情绪的产生往往在于一些错误的非理性的思维方式，要让员工用积极的心态和观念来看待客观事物。

四、创新技法训练

向员工介绍有关的创造技法，如组合法、列举法等。员工领会和理解技法的要旨后，要在培训师的主持下进行相关的创造技法的练习。同时，还可以进行一些思维能力训练，如发散思维能力，这种能力是通过训练员工的灵活性、变通性、流畅性来实现的。

五、案例分析

可以将员工分成几个小组进行讨论，也可以进行轮流发言。管理者的主要职能是调节团队平等、尊重的气氛。当出现冷场时，采取积极的策略来消除这种局面。

六、经验分享，学以致用

每个员工都会对其他员工产生影响，要让员工彼此开放，说出自己真实的感受，对员工面临的问题，要鼓励其他员工帮忙解决。管理者的职能在于引导，要引导员工思索一些问题，引导他们突破和开拓自我。

第七章

团队管理精髓，是赋能而不是管控或激励

管理跟赋能有什么不同?

管控跟赋能到底有什么不同？举个例子：

管理理论强调，一个人的管理半径不能超过七个人，也就是说直接汇报者不能超过七个人。但是在谷歌，直接汇报的人数经常是二十多个甚至三四十个，为什么会有这样安排？背后的逻辑就是赋能。领导者为下属提供了知识上的支持，进行了各种资源整合，可以帮助下属取得更大的成绩。目的不是为了管理，管理者完全可以不管管理边界这件事情，如此便打破了管理的半径，逼着他们去适应全新的运作方式。

互联网时代，是个创造力革命的时代。创造者最主要的驱动力是创造带来的成就感和社会价值，自激励是他们的特征。这一点跟传统体力劳动者，甚至一般的知识劳动者都有根本的不同。他们最需要的不是激励，而是赋能，也就是给他们提供能更高效的环境和工具。

未来组织最重要的职能是提高创造力成功的概率，而赋能就是达到这一目标的唯一方法。

管理型组织，通常具有这样几个特点：设定的规章制度比较严格，员工必须认真执行；团队的组织架构是金字塔式，实施一项决策，需要层层下发；管理者喜欢管控下属，下属不听话，他们就会不满意，甚至觉得员工违抗了他的权威；制订严格的绩效考核指标，以考核结果来判定员工的工作能力等。在这样的组织模式中，员工不仅会倍感压力，还无法发挥自主性，创造性难以发挥，积极性受挫。

而赋能型组织却与之相反。这种管理模式，虽然也会制定各类规章制度，还需要运用要基本的管理方式，但更看重为员工赋能。比如，员工高效完成工作后，可以分享相关利益；表现好得到奖励，表现不好就要受罚。在这里，员工的创造意识会被激发出来，员工更喜欢从事更有挑战型的工作；在宽松的工作环境中，员工能够获得较强的成就感和荣誉感。

在个体崛起的时代，只有发挥个体价值，才能给企业带来更多的绩效。虽然说，管理型组织适用于人数众多的劳动密集型企业，但并不意味着员工众多的企业就一定要采取管理型组织。很多企业员工多达上万甚至十几万，但本身并是劳动密集型行业，而是高新科技、需要创新的的企业，员工的工作需要解决“面”化问题，如此就需要将庞大的组织结构划分成尽可能小的单元，让优秀人才尽可能在一起协力解决问题。

在传统的组织结构中，团队都是按照相同的工作岗位来划分，同一个团队中的员工岗位工作、技能等基本上都差不多。而在新型组织结构中，最优秀的、不同岗位和技能的人被集合在一起，需要合力去解决最困难的任务。所以，未来的趋势就是优秀人才聚在一起。

很多企业都把创新作为未来的发展目标，不管在任何场合，都强调创新对企业发展的作用，要求各团队都要把创新作为工作要求，但是仅依靠这种灌输型的宣导，作用并不大。如果组织结构不支持这种对创新的要求，也就无法让企业形成创新的氛围。

激励和赋能有什么差别？

赋能是新时代最重要的组织功能。以人工智能为基础的大时代正在到来，未来无法被机器、人工智能超越的人，才是社会最有价值的人。他们以创造力、洞察力和对客户的感知力为核心特征，以创造带来的成就感和社会价值为最大驱动力，最需要的不是激励，而是赋能。

所谓赋能就是提供员工更高效创造的环境和工具。说直白的话就是：你原本不能，但组织平台让你能。为员工赋能的组织一旦产生，必然会开始顽强的生命成长之旅。从这个角度来看，谷歌的飞速成长也就容易理解了。

然而，身处同样的时代，不同企业的管理理念之间却有着巨大差异。国内很多企业依然继续“把人当机器使”，当少数优秀企业开始提“人才是企业发展的战略资源”时，谷歌等领军企业已经把赋能作为组织管理的最大功能了。

没有成功的企业，只有时代的企业。大量优秀企业也用事实证明：赋能，并不局限于领先的互联网公司。有些企业虽然没有脱离传统行业，但武装该企业的却早已不是当年的金字塔管理，而是反其道而行之的倒金字塔管理。如此，既突出了分布式管理的灵活，又强化了集中式管理的支撑，让企业脱胎换骨，将“赋能”二字体现得淋漓尽致。

赋能与激励的不同主要体现在下面几方面：

一、激励偏重利益分享，赋能强调兴趣

只有发自内心的志趣才能激发持续的创造。命令不适用于员工，组织的职能不再是分派任务和监工，更多的是让员工的专长和客户问题实现更好的匹配，如此就要求更多的员工自主性、更高的流动性和更灵活的组织。甚至可以说，是员工使用了组织的公共服务，而不是公司雇用了员工，两者的关系发生了很大的改变。

很多来自谷歌、微软等知名企业的工程师，之所以愿意以比较低的工资加入小米，承受“九九六”（早上九点上班，晚上九点下班，一周六天工作）的巨大压力，最重要的原因是，在小米，他们能够真切地感受到自己在创造全新产品，在改变世界。靠着这种自我激励和自我驱动，在小米几年的发展中，他们主动迎接挑战，创造了很多奇迹。

二、赋能比激励更需要依赖文化

只有文化才能让志同道合的人走到一起，组织的文化氛围本身就是一种奖励，赋能组织中人们都能跟志同道合的人一起共同创造。

组织的核心职能就是文化和价值观的营造。在赋能型组织中，为了适合组织的文化，管理者要会动付出、积极思考，创造出跟员工的价值观、使命感相吻合的文化，将员工的注意力吸引过来，奋发进取。

事实证明，最前沿的创新型企业通常都以鲜明的文化和价值观为特征，比如：谷歌对顶尖人才的推崇和不作恶的文化，Facebook 的极客文化和连接世界的情怀，都使他们受到了世界最优秀人才的青睐。

工业时代，企业追求的是共同的使命、愿景和价值观；而在新时代，志同道合则成了员工对赋能型组织的基本要求。要想凝集顶尖人才，就要具有改变世界的勇气，不忘推动人类社会进步的初心。

三、激励聚焦在个人，赋能强调设计和互动

随着互联网的发展，组织内人与人的关系也变得更加紧密。很多新兴学科都指出，人和人之间互动机制的设计，对于组织的有效性可能远大于对个体的激励。

创造本质上是很难规划的，只能为员工提供各自独立时无法得到的资源和环境。最重要的是，员工之间充分互动，有更多自发碰撞的机会，才能创造出更大的价值。

最经典的案例就是谷歌 AdWords 广告体系的突破：五个员工打台球时，看到创始人对公司广告质量不满。于是，他们花费了一个周末的时间，搭建好 AdWords 的广告体系算法。更有趣的是，这五个人都不是广告部门的，只不过背后有一系列配套的机制设计。谷歌每周召开的员工大会，都能给员工公开公司正在进展的项目，员工有很高的自主权，可以跨部门调动资源。

这就很好地说明了促进协同的机制设计是未来组织创新最重要的领域。

赋能，打造超强团队的秘诀

如何打造超强团队呢？具体方法如下：

一、打造战略力和经营力

基层团队在组织内部的重要性，取决于其战略力和经营力水平。战

略力是团队要理解用户在哪里、用户画像和场景是什么，要用领导者的逻辑做战略资源的配置；经营力指的是要从做生意的角度去看利润、看现金流。

有家企业的财务部曾做过一件事：分析公司里每个经营团队每赚一笔钱，在公司内部是用什么流程赚出来的，涉及哪些部门。最终，财务部画出了一个获取利润的关键路径——HR 在分发奖金时，关键路径上的人会获得高额奖金。同时，还给后台职能部门，如法务部、财务部、人力资源部打分，员工帮公司赚钱时，哪些部门对他的帮助最大，之后，就会根据具体的评价来评判职能部门的奖金。

未来的企业是网状的、个体崛起的、不断演化的生物型组织，在该组织里，每个神经末梢都是一个大脑。企业必须像生态组织一样，保证多个大脑并存，推动公司协同发展，让基层团队从神经末梢变成与总部互补的智慧大脑。

二、创造力打造

基层团队要想变成高维模式，最重要的就是提升创造力，从服从模式变成创造模式。创造力是什么？就是利用自身的思维能力打造，不用向公司索要更多的资源，依然能够从低维向高维进化，让基层团队找到更低成本、更快解决问题的方法。比如，京东就是采用这种方法来推动小团队创新的。

京东的很多页面都由产销的部门来负责。每天早上开个 20 分钟的团队例会，让个人汇报昨天自己看到的可利用头条。京东给各采销小团队都配置了平面设计师，小组长把主题定下来，让平面设计师做出促销页面，做完页面后，小组长跟内部汇报，内部汇报的逻辑叫 ABC 原则：你是 C，要想推动事情，要跟 B 汇报，同意后就可以做，同时要抄送给 A，但 A 不用给 C 做任何回应。出问题了，ABC 共同担责，减少 C 的压力。

使用这种方式，不管组织多大，都能快速做完事情。所以，早晨提出创新意见，上午做完图，下午一两点钟，页面就挂出来了。京东每天都在调整自己的节奏，这种调整需要基层团队有高维的工作技能，要掌握快速做好工作的方法。

三、敢于表达不成熟的想法

基层团队要敢于表达尚不成熟的想法，这是区分公司是否有活力的重要因素。在公司内部谨小慎微地表达跟领导一致的观点，组织就会缺少活力，走不了太远。只有多一些“对不起领导，打断你一下，我突然有个想法”等声音，公司领导才会用好奇、探索的思维，把基层员工的想法纳入进来，之后进行共创。

四、记忆、思考和想象

大脑有三大功能：

（1）记忆。中国教育最大的问题，就是过于强调训练孩子的记忆能力。其实，只要将该记忆的东西放在本子里、手机里、百度里就可以了，大脑完全可以清空。

（2）思考。大脑中，比记忆更高级的能力是思考。哈佛商学院的案例课主要训练了管理者的批判性思考，可是，随着人工智能的出现，思考能力已经不是人类的主要能力了。

（3）想象。认知升级有个非常重要的空间，叫想象。很多人获得新能力，不是靠自己动手去做，依赖的是看书、培训、听微课，头脑中想象丰富，把间接经验当作直接经验，丰富了个人的人生阅历。大脑认知升级是很重要的赋能。

打造赋能团队的六个问题

领导者都希望员工能够自动自愿自觉自发，分配的任务如期交付，想法能落地执行……可是，现实中往往却是另一番情形。领导跟在员工屁股后问：什么时候能交付、进度如何、费用是否在预算范围……很多时候，甚至还可能得不到领导想要的答案，让领导感到既郁闷，又无奈至极。问题究竟出现在哪里？是员工懈怠，还是领导能力欠缺？

其实，多数员工都希望成就一份事业，之所以表现不尽如人意，很大程度上是由于上级没有为他们赋能。只有为团队赋能，才能打造出一支来之能战、战之能胜的团队。

一、赋能团队的特点

概括起来，赋能团队有这样几个特点：

1. 自主性。赋能团队都具有自主性，不但有想要做的事，而且能够自动自愿地去做。

2. 成就感。团队员工做自己想做的事，能够做好想做的事，具有满满的成就感。

3. 意义感。团队员工认为自己做的事情非常有价值，会激发内在动机，保证工作的正向循环。

4. 自信心。团队员工有成就感，领导给予积极的支持，更容易提高对自己的信心。

5. 目标感。团队员工有共同目标，大家一致努力，把各种摩擦和阻力降到最低。

6. 可能性。员工有自主性，不仅仅听命于领导，还能找到更多可能性，甚至会超出预期实现目标。

二、为团队赋能的前提

为团队赋能是有前提的，就是团队员工之间要有相同的目标。如果团队领导和员工之间目标不一致，所谓的赋能最终造就的也只是一支草莽英雄。通常，共同目标可以分为四个方面：

1. 绩效。这是组织最显而易见的成果。对任何一个组织来说，没有绩效，也就失去了存在的理由。

2. 成长。员工只有获得成长，才可能在未来获得更高的绩效目标，同时员工才可能在未来的人力资本市场上，获取价值增值。

3. 协作。协作会影响团队之间的效率，如果所有人都心往一处使，就更容易取得事半功倍的效果；如果员工之间协作不顺畅，大家不仅身累，还会心累。

4. 传承。传承是团队最根本的驱动因素。谈到女排精神时，人们想到的通常都是“拼搏”二字，而团队精神的辨识度就不会很高，这就是传承的力量。

三、打造赋能团队的六个问题

赋能最根本的是发挥员工的思考能力，让员工思考，最有效的莫过于向员工提问，激发他们。

赋能式提问的六个问题，如表 2 所示：

表2　赋能式提问的六个问题

问题	说明
环境	工作进展如何？能否如期交付？
行为	行动计划是什么？如何保证计划的如期实现？
能力	如何保证目标实现？要实现目标还需要具备什么资源？
价值	为什么要实现这样的目标？这样的目标有什么价值？
身份	希望成为什么样的团队？当目标实现时，团队会是什么样子？你想成为什么样的人？
愿景	想要实现什么？如果目标实现了，会看到什么？会给社会带来什么积极影响？

通过以上的问题，就能帮助员工理清当下的工作思路和未来工作的驱动力。

这六个问题可以分为两个层次：执行层与动力层。前三个问题是执行层，后三个问题是动力层。执行层是领导经常关注的问题，动力层是激发员工责任感和驱动力的问题。领导者需要实现从关注执行层到动力层的转变。

如何给自己的团队“赋能”？

项目团队赋能如何做？

小李是一家连锁行业的人力资源经理，此前公司主要直接面对终端客户，销售业绩不错，但是现在公司业务扩展，招募了不少代理商。在给加盟商做赋能工作的时候，他遇到一个难题：很多加盟商都不是同行转进来的，而是认为该品牌和市场前景不错才选择做加盟代理的。但加盟之后，代理商的业务发展需要总部的支持，而这样的销售技能往往不在于销售人员的个人能力，涉及的专业技能比较多。比如，客户对于颜色提出自己的需求时，部分材料就无法选择，工艺也会有限制，否则会影响产品品质。

这些专业技能让一个非专业人员来学，差不多需要半年的时间，而让经销商去等待半年才能开展业务显然不现实，于是总部给出了一个策略：让代理商分模块学习专业技能，以团队形式来完成销售工作。这个思路确实不错，但团队的整体配合又出现了问题：如何保障整体项目团队有统一的水准？

这里就涉及了团队赋能的问题。那么，如何给企业“赋能”？看了下面关于腾讯的例子，可能就知道答案了。

1. 技术赋能。在技术赋能方面，腾讯向合作伙伴提供数据、安全、LBS等信息技术服务，重点分享云化。腾讯以AI+大数据+腾讯云为支持，将线上集中化的流量入口、线下分布式的品牌数据通过会员体系打通，企业可以基于腾讯系统开发适合自己的零售解决方案，实现共赢。比如小程序，企业可以把小程序和公众号关联起来，嵌入文章、菜单栏等，除了这些渠道，客户还能通过附近的小程序以及搜索窗口找到你的小程序。

2. 营销赋能。今天，传统行业都面临着这样的问题：是否需要通过技术来解决行业的营销痛点？猫眼的影院联名卡就是一个典型的营销赋能的例子。为了满足营销的需求，猫眼联合影院推出了影院联名卡。猫眼与7000多家影院合作，推出了影院联名卡，用户开卡量累积超过1200万，帮助影院展开会员运营、增强用户黏性。通过数据赋能、营销赋能，猫眼与电影产业链内的影院、片方、发行方形成了一个产业共同体，同时符合腾讯“连接＋内容＋ 0.5 金融”的两个半战略。

当然，给企业“赋能”前，首先要梳理企业的核心优势能力，制定企业转型升级方向和对标，如此才能更好地“赋能”，否则就会消化不良、反受其害。

赋能是这个时代，人才唯一正确的打开方式。成功有两个重要的要素，一个是能力，一个是激情。团队成功的关键是，尽量多赋能出能力与激情兼备的高绩效人才。

总体来说，给团队赋能包括以下几点：

一、氛围赋能

氛围不是一两次团建活动，也不是贴在墙上的标语，而是植根于团队队员内心的行事指南。在这个越来越走向志同道合的时代，企业比以往更依赖文化，唯有一致的文化氛围才能让志同道合的人走到一起。

氛围是公司在长期发展中形成的一套或明或暗的行为规则，它影响着团队员工价值的判断，影响着团队员工的存在感，甚至在一定程度上还决定了该团队的最终走向。在好的氛围中，员工才会充满激情去做一项工作。

对人才来说，能在一个自己喜欢的文化氛围中工作，是件非常幸运的事。智商和情商同时都高的人只是少数，人生的美好时光也就那么多，不要让糟糕的氛围磨灭老员工的激情和精力。

依赖个体突破只会浪费宝贵的时间、降低企业的成功概率，打造好的文化氛围，是系统性提升成功概率的不二之选。别总说“文化很虚”，那是因为你坚持的文化不够有价值，不够有吸引力。

二、授权赋能

授权，从字面上理解就是“授予权力”。字面上很好理解，但做起来并不容易。管理者要把自己手里的权力分发出来，向员工分享权力、承担责任、调动资源。这不仅需要管理者有足够宽广的胸怀，更需要管理者善于授权。

授权，不是把事情丢出去放任不管，而是更关注结果，把过程交给更直接相关的人。

授权，意味着更完整的细节把控，更直接的判断思考。

授权，实际是一种刻意的能力训练。

不被授权的人，普遍都是唯唯诺诺，时间久了，还以为自己练出多少本事，其实只是些察言观色的小伎俩。

不被授权的人，永远得不到快速地成长，永远都只是个听话的跟班。

面向未来的组织领导者，不仅要有授权的胸怀，还要有精确授权的能力。重视结果，关注过程，既做到精准授权，又维持良好的秩序。

三、成就赋能

成功源自于自信，而成功了才能更加自信。没有成功过的人，谈不上真正的成长。要让员工提高能力，最快的方法就是让他变成一个成功的人，让他具备成功人士的思维模式、行事习惯。

不断通过小的成就赋能员工，是让员工成长最快的方法。员工的成长，不仅仅是他经历了多少事，还在于他真正成功了多少。

传统模式是，要用一个人，不仅要慎重判断这个人具不具备条件，还要不断考验这个人行不行。而赋能模式是，要用一个人，不仅要在初始时候把必要的条件考虑好，还要在过程中尽量调动各种资源帮助他尽力成就这件事。

成就赋能是必由之路，它能够让员工的能力得到快速升华。

第八章

新企业领导经济时代的“赋能型”员工管理模式

新企业领导经济下的新生代员工特点

一、新企业领导经济下的员工管理现状

1. 企业领导希望用钱收买下属，缺少激励体系

场景：

老板：来我这，我一个月给你 2 万，比市场价高出一倍！

员工：靠钱就想收买我？我还要工作 40 年，占据我生命一半的时间，如果工作无法让我享受，也就浪费了 1/2 的生命。

即使现如今生活压力变大，在“智造场”时代的职场中，激励员工的方法也不能只靠金钱了。只有让员工感觉到被重视，给员工赋能，助其在工作中实现自我价值和成就感，依靠其原生动力来推进工作，才能更好地实现员工个人和企业的共同发展。

企业领导应该注重员工的价值实现，建立明晰的评价体系和激励机制，促使人才自我驱动，员工才能更富有成就感和使命感。为此，企业要通过合伙人制和股权激励，让员工变成企业领导的伙伴，成为公司的一份子。

2. 员工与公司价值观不合，缺少文化体系

场景：

老板：人工智能真火，你帮我们建立起一套架构，让公司也跟着飞一把！

员工：原来贵公司对AI的理解停留在“凑热闹”的层面，我们对未来发展的基本认知都不一样，对热点的价值认同也不一样，工作中不可能做到心智互通。

在文化层面，员工与企业的价值观吻合将更加重要，这就对企业文化建设提出新的要求，在文化体系方面，企业领导要与员工产生心智互动，形成拥有共同价值观的团队，同时对差异又能够互相包容，并能互相激发灵感，形成良性价值互动。比如，一个慢性子的员工到了一个节奏比较快的组织里，但只要大家都为了一个共同价值目标奋斗，那么慢节奏反而可以让快步前行的组织冷静思考，两者依然契合。

3. 员工不忠诚，缺少组织体系

场景：

老板：你不按我的意思办，小心我炒你鱿鱼！

员工：没关系，我还有好几份来钱快的兼职呢，这年头已经没有“铁饭碗”了。

在人工智能时代，如果还像上面场景中的老板那样，思维停留在20世纪，必将被淘汰。在“智造场”中，企业组织的边界会变得越来越模糊，甚至被重塑，企业对员工的绝对管控程度也将变得越来越低，领导很难再

以传统方式与员工相处。即使是长期稳定的员工，忠诚度出现下降也将是常态，这将导致未来企业的组织边界更有弹性、更有活力。

4. 员工无法进步，缺少成长体系

场景：

老板：我们引领行业发展方向，未来将立于不败之地，在这里你也会成为行业大咖。

员工：科技巨头都经常有危机意识，担心自己10年后不复存在。科技和商业模式更新迭代如此之快，个人和公司只有不断学习，才能防止被淘汰。

人工智能快速发展，就是科技快速迭代的表现。而这种变更也让员工有了危机感，希望通过企业培训，学习到更多行业前沿的知识和技能，不被淘汰。员工需要与企业共同学习，企业领导的培训体系需要更灵活，双方通过分享、共享来应对知识和技能的更新换代，只有这样，企业才能脱颖而出。这是知识和科技快速更新的基本要求。

二、新生代员工五大性格特点

新生代员工五大性格特点如下：

（1）个性鲜明。敢爱、敢恨、敢说、敢玩，不再把“忍、憋”看作是职场人的成熟，对看不惯、看不顺、看不懂的事情，会以最直接的方式向领导提出，不在乎企业领导的直观感受。

（2）乐于接受新事物。思维大大突破了60后、70后的模式。比如，优衣库“不雅视频”事件，他们觉得就很正常，认为只是宣传渠道“错位”。

（3）思想独立开放。在职场上，认可团队并接受团队，指的是更认可团队中每个人的能量和作用。因此，对负责人要求更高，甚至颜值也是要求之一，对团队绩效规则或者游戏规则会要求“公开、公平、公正”。

（4）自我意识较强。在求职应聘时第一问题会直接问“领导能给我什么好处”，而不是“我能给领导创造什么价值”，如果企业领导批评不恰当或者认为工作环境差或者不接纳人际关系，就可能引发“裸辞”。

（5）网络依赖性强。工作中，依赖“度娘”；生活中，依赖智能手机。4G 网络或者 Wi-Fi 密码，简直就是他们的“再生父母”。

三、企业领导和新生代员工对职场认知的反差

曾经有人对 500 名企业领导问了一个问题：“你认为在下属最信任的 3 人当中，你是否排列其中？”结果显示：70% 的企业领导认为“自己被员工信任”。之后，又对近千名新生代员工问了以下三个问题：“在目前生活中，你最信任的3个人是谁？目前生活中，哪3个人会影响你的生活质量？你是否信任自己的上司”？结果显示：85 % 的新生代员工在第一个问题答案中并没有提及“自己的领导”；在第二个问题答案中有些人提及“自己的领导”；在第三个问题答案中则没有提及“自己的领导”。

最后，又根据 5 项比较认同的离职原因，对百名离职新生代员工进行了跟踪调查，结果显示如表 3 所示：

表3　离职原因跟踪调查结果

离职原因	雇主认为占比	员工认为占比	两者差距
对薪酬待遇不满意	31%	25%	一致
对雇主不满意	5%	20%	反差大
对工作氛围不满意	11%	15%	一致
对人际关系不满意	5%	11%	一致
工作强度太大	32%	3%	反差大

从调查结果分析得出，企业领导与新生代员工的认知差距还是比较大。

在新企业领导经济时代，“谁能用好新生代员工，谁就能掌握市场领先”的日子即将来到。

新企业领导经济时代的员工管理特点

在企业领导品牌的建设上，携程一直秉承着以“企业文化为中心、鼓励年轻化、多元化与持续创新”的原则，并通过完善的人力资源组织构架与员工激励政策，促进了企业与员工之间价值观的融合。正是基于此，携程实现了企业领导与员工之间的和谐共赢，并成功入围 2016 最佳企业领导百强榜单。

（1）年轻化＋扁平化＝轻松上阵。携程之所以能够成功地将新生代员工与企业文化完美结合在一起，得益于携程在二次创业期间实施的年轻化战略与扁平化管理，这种高效率且极具包容性的管理方略，为携程的快速发展提供了坚实的后勤保障，再无后继无人的忧虑。携程基业保持长青的原因主要有三个：一是优秀团队；二是不断创新的精神；三是坚持以客户为中心的价值观。

（2）微创新＋再创业＝冲锋号角。随着移动互联网的发展，携程一度陷入增速放缓的危机。2012 年携程正式启动二次创业的进程，并大刀阔斧地进行三个变革：移动化、内部创新创业和建立专业壁垒。为了推动内部创新创业，携程在两个方面发力：一方面在全员范围内倡导微创新，有的事业部还提出了“每天进步一点”的口号；另一方面大力鼓励内部创业，火车票 BU 和汽车票 SBU 就是内部创业的代表。

（3）整合＋包容＝百花齐放。携程的目标是“实现全球化”，目前已经在日本、韩国、越南等多个国家和地区设立了分公司，与更多的国家建立起全球化的合作伙伴关系。

上述这些发展中的问题，不仅仅携程，所有快速发展并向国际化进军的公司都会遇到。为了解决这些问题，企业必须适应不同的需求，针对不同组织和人实行不同的管理方针。在集团大的文化框架下，人力资源方面绝不能一刀切。

为了适应新生代员工以及新内外环境的变化与不同需求，企业文化在宏观上要坚持“包容为主、整合为辅”，管理层要统筹大方向，业务上要“百家争鸣、百花齐放”。而在协同和整合的过程中，企业文化中既要有成熟公司的专注和严谨，又要有创业公司的激情与纯真的风格，比如：领导层定期开办跨部门、跨公司的学习项目；开展不同业务单元的定期流程会；制订不同公司之间的联合项目奖制度；……用多种举措促进整合和协同。

一、新生代员工的激励需求理论

新企业领导经济下的新生代员工内心深处都有比物质金钱更高的目标与要求，如成就感需求、权利需求、归属需求等。

（1）成就感需求。也就是驱使新生代员工达到最佳与成功的需求，他们不怕工作强度、不怕加班到凌晨，是否具有成就感才是他们的拼搏动力。

（2）权力需求。也就是影响他人行为的需求。影响他人是每个人心理最高层次的需要，他们信奉的信条是“不怕狼一样的对手，就怕猪一样的队友”。

（3）归属需求。也就是想要与他人产生人际关系交流的需求。新生代员工诉求已经大有不同。在新企业领导经济时代，合伙人事业企业正好满足了这种归属感的需求，劳动关系也必将从雇佣关系转变为合伙人联盟方式。

二、新企业领导经济时代员工管理的困难

任正非说：“我现在最担心的问题是，华为的员工这么年轻、这么有钱。”在新企业领导经济时代，企业领导在新生代员工管理中普遍存在以下两个问题：

（1）员工不再为薪酬而工作，对物质和金钱的诉求降低；

（2）员工不服从权威和管制。如果领导依然使用传统的管理模式，用更加严格的制度、惩戒或命令来管理员工，结果只能是管住他们的手脚，无法让人“自愿”付出“脑”和“心”。

三、新企业领导经济下企业和管理正在走向无边界

在新企业领导经济下，无边界组织的走向分三个层次：

（1）“利我”走向“无边界商流”；

（2）“利他”走向“无边界信息”；

（3）“利众”走向“资金无边界”。

不同层级的无边界，其驱动、发展、圈子、组织、管理、人才、循环模式各不相同，会铸成不同的模式流。在企业和管理无边界模式下，员工管理摒弃传统模式是必然，否则企业组织将会随着社会发展趋势逐步被淘汰。

新企业领导经济时代管理者的职责

在传统管理模式下，按照剩余价值论，企业领导就是股东，员工就是创造价值主体，领导剥削员工剩余价值，员工获得部分劳动价值赖以生存。可是，在新企业领导经济下，企业领导的这部分职责已经被弱化，他必须做到：指引得了方向，给得了方法，凝聚得了人心。只有这样，才能管理好新生代员工，才能实现共赢。

一、领导者要给员工创造机会

新企业领导经济时代，领导者要给员工创造的机会主要包括：

1. 做事的机会。新企业领导经济下，“员工做事的机会”不是给岗位、定职责，而是敢于给员工提供“试错”机会。

2. 挣钱的机会。新企业领导经济下，“员工挣钱的机会”不是绩效管理和薪酬考核，而是按照员工的能力给予他施展的机会，为他们提供具备足够竞争力的挣钱机会。

3. 成长的机会。新企业领导经济下，将摈弃“师傅领进门，修行靠个人”的模式，企业领导全面引进 EAP(员工帮助计划)，帮助或带领新生代员工成长，实现其个人价值最大化。

4. 发展的机会。新企业领导经济下，将摈弃企业领导决定员工职业发展，即“说你行，你就行，不行也行；说你不行，你就不行，行也不行”

的模式，将员工个人能力的提升和组织发展有机结合起来，为其创造或提供不同的平台和机遇。

二、新企业领导经济下的领导定位

新企业领导经济下的互联网时代，企业领导唯一要做的事情就是链接资源。企业领导要在幕后发挥影响力，把冲锋陷阵的成就感留给下属，做好组织领导的“悬挂能力”。任正非说“一个人不管能力如何努力，永远都赶不上时代的步伐。我不要做专家，要做组织者”。这就是新企业领导经济下的企业领导自身的定位。

新企业领导经济时代留人的完胜三招

招行内部曾经有一句口号叫“只有加油站，没有咖啡屋”，即倡导忘我奉献。当意识到新的90后、95后就业大军即将到来时，招行开始对自己的企业文化进行重新梳理，在奉献和追求卓越的核心价值观之外，加入了鼓励员工个性化的内容。最新版的企业文化手册，就纳入了基本价值观：“让员工做自己的主人”。

（1）让员工自主择业。为了“让员工做自己的主人”，招行建立了专业岗位后备人才库，员工可以按照发展意愿和专业特长选择合适的岗位，在报名入库并通过培训和出库选拔后，就能前往相应的岗位工作。

（2）可转换的双晋升通道。除了岗位的自主选择，员工在晋升通道上也不局限于一种路径，而是管理岗位与专业岗位双通道。招行的做法是：除了通常的管理通道，还专门设置了专业晋升通道。在专业领域，招行共设置了 34 个专业序列，其等级分为：初级、中级、高级、资深和首席。这样，任何一个员工都可以在专业序列中找到自己的位置。

（3）守正出奇，增加员工幸福感。招行还通过各种员工关爱措施增加员工的幸福感。就拿假期来说，招行在对员工休假的执行上不折不扣。广东地区，按照国家以及地方的规定，女员工的产假能长达 7 个多月。招行在执行中，最具体的规定就是不能把业绩排名最后 10% 的名额评给休产假的员工。

为了帮助新员工尽早融入招行，招行建立了《新员工管理办法》，规定：校招新员工入行后，总分行人力资源部门会同相关部门，为其配备导师；导师与新员工共同制订辅导计划，保持持续沟通，记录并反馈辅导工作情况。此外，为了解决员工沟通问题，招行开发了专门的员工沟通系统，员工可以找到导师或希望沟通的人发起需求。而接受方必须在规定时间内答复，或者在线下交流。同时，招行还通过各种形式的企业文化活动来影响和感召年轻人。除了行庆、评先评优、企业文化月外，招行还建立了员工荣誉体系。

屠呦呦说：“不要去追一匹马，你用追马的时间去种草，待春暖花开时，能吸引一批骏马来供你选择。”新企业领导经济下，留住新生代员工，必须学会掌握以下完胜的三招：

一、感情留人

信任、尊重和信守承诺是企业与员工建立情感的基础，而感情是培养员工的忠诚度源泉。

所谓感情留人，就是指企业不仅要给员工提供直接或间接的待遇，还要提供足够的职业安全感、归属感、信任感、荣誉感，让员工感觉到良好工作氛围和人际关系的融洽，等等。在与员工打交道的同时，不仅要使员工得到利益，也要让员工得到情感与精神上的寄托。员工也是有血有肉的人，都有思想和感情，因此用感情来培养员工忠诚度，是最切实可行的投资。

与员工进行感情沟通的方式方法很多：

（1）在日常工作中，不断地给员工和家人带些小礼物；

（2）多考虑员工的利益和爱好，为其提供方便；

（3）记住员工及家人的生日并予以问候等；

（4）举办一些“联谊会”“优秀员工颁奖大会”等，使员工从内心感谢企业，自然就会把企业作为可信可靠的合作伙伴。

二、文化留人

文化是企业员工在长期经营和工作中形成的理想信念、价值观念和行动准则，对企业管理具有积极的作用，能凝聚员工的归属感和认同感，激发员工的积极性和主动性。要想留住人才，就要建立忠诚的企业文化。比如，有家企业的企业文化是“拼搏向上，携手共进，做好本职工作，实现自身价值”。“拼搏向上，携手共进”是其核心，“拼搏”即努力工作和努力学习。“向上”就是追求最大的利润、最好的信誉、最大的价值。“携手共进”即分工与合作，个人与企业共同进步、共同发展。

三、机制留人才

完善的管理机制是留住人才的基本保障。企业的机制如何，对于留住人才非常重要。良好的机制可以使员工更好地发挥自己的才能，给员工提供一个公平、公正、合理的竞争环境。企业之本，贵在用人。因此，企业必须改变过去的用人观念，做到用人不疑、疑人不用；大胆起用人才，坚持用人所长。

只有把“以人为本”的理念落实到各项具体工作中，打破家族血缘观念，打破论资排辈，在“公平、公正、公开”的基础上展开竞争，才能让优秀人才脱颖而出，切实体现出对员工人格的尊重，才能赢得员工对企业的忠诚，这也是使用人才、留住人才的关键。

员工赋能的“方法论”与“雷区”

如今，互联网发展成长起来的90后一代已经基本步入职场，他们充满创造力，敢于冒险，自我意识极强，在工作中更多的追求成就感和社会价值。管理90后员工，“控制型”“激励型”的员工管理模式早已失去优势，新企业领导经济的兴起，使“赋能型”的员工管理模式逐渐成为主流。

未来企业的成功之道，是将聪明的创意精英聚集在一起，营造合适的氛围和支持环境，充分发挥他们的创造力，快速感知客户的需求，愉悦地创造出产品和服务。那么，究竟如何进行有效的员工赋能，激起员工的兴趣和动力，使其价值观和公司文化相吻合，从而为公司创造更高的价值呢？在员工赋能的“世界观”下，“方法论”依然存在。

一、员工赋能的方法论

1. “不务正业”中的灵感创新。明尼苏达矿业制造公司（即美国3M

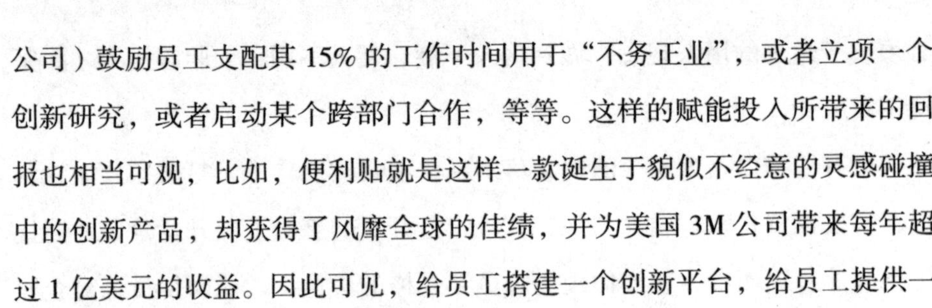

公司）鼓励员工支配其15%的工作时间用于“不务正业”，或者立项一个创新研究，或者启动某个跨部门合作，等等。这样的赋能投入所带来的回报也相当可观，比如，便利贴就是这样一款诞生于貌似不经意的灵感碰撞中的创新产品，却获得了风靡全球的佳绩，并为美国3M公司带来每年超过1亿美元的收益。因此可见，给员工搭建一个创新平台，给员工提供一个能够表达发挥的空间，给员工提供做事、容错的机会，就能帮助员工在冒险中建立自信，不断成长，这就是一种赋能。

2. 员工最大化参与决策。美国西南航空公司的员工赋能行为在业界独树一帜。一位著名作家某次登机时忘带身份证件，如果是在其他航空公司铁面无私的政策面前，这种情况一定会遭遇不小的麻烦：一线地勤须向上级逐层汇报请示，即使能等来一份人性化的汇报通路，乘客大概也要面对误机的无奈事实。而西南航空解决了这个问题：值机服务台的员工可以自行定夺核实乘客身份信息的方式，于是他们借助作者出版作品的封面来验明正身，让乘客顺利登机。

3. “伙伴文化”极大降低离职率。星巴克的员工流动率比行业平均水平低250%，赋能、创业家精神、高尚品质和至臻服务是定义价值的核心元素。为了以帮助“星巴克伙伴”来向客户推广咖啡文化，星巴克建立了一套严谨完善的培训体系，包括：普及咖啡知识、增进客人对咖啡生产地的认知等。针对有资历的员工，为了满足他们希望“多一点时间陪孩子”的诉求，星巴克开辟出每年两周的额外带薪假期，帮助他们获得与子女相伴的幸福时光。而对较年轻的员工一族，星巴克则会为他们报销两年的大学学费。

4. 企业领导要明确自身职责。新企业领导经济下，企业领导的主要职责更多地侧重于为员工指引方向，凝聚人心。马云在中国绿公司年会上发表演讲时说：“我觉得做CEO主要是两件事，一是看未来的机会，二是看未来的灾难。绝大部分的老板如果看不到未来的机会是没办法激励你的员工，另外一个职责是看到未来有什么灾难和麻烦。如果提前知道社会一定会出这样的麻烦，并且提前做好准备，就会很成功。”

二、员工赋能的“雷区”

1.KPI 并不是越细越好。海底捞曾尝试把 KPI 细化，写了一条绩效考核标准：杯子里的水不能低于多少，客人戴眼镜一定要给眼镜布，否则扣 0.05 分。于是，来一个人就送眼镜布；客人说“豆浆不喝了，不用加”，也强行给客人加上。最好笑的是手机套。即使客人不用，服务员也会给他套上，客人说“真不用”，结果服务员趁他不注意时，把手机抓过去直接套上。如此，顾客的权益就受到了侵害，反而不满意了。因此，KPI 的设置还是应该依现实情况而定。

2. 让员工快乐就能带来生产力。管理者都会不遗余力地推行一些举措，让员工保持快乐的心情。比如，设立娱乐室、允许员工免费拨打长途电话等。有的管理者一厢情愿地认为，工作间歇中员工的愉悦感，很容易转化为一种工作动力。可是，放在没有自制力的员工身上，很可能带来工作效率的降低。

3. 一味地赋能，忽略冲突。喜欢冲突的人并不多，在职场上尤其如此。管理者赋予员工更多的权力，工作中难免会产生冲突。如果管理者和员工几乎都怀有“就这样算了吧”“睁一只眼闭一只眼吧”的心态，都没有端正缺乏解决问题的态度，虽然当时将问题简单地一带而过，但是长期下来，问题就会扩大，就会给企业带来不利影响。

4. 让员工完全管理自己。完全的自我管理是伪授权赋能，是管理界的第一神话。事实上，给予有经验的员工引导、指导、支持越多，员工就干得越好。为什么管理者经常后悔自己过于强势？因为他们已经被伪授权赋能的理念附体。当管理者履行本应履行的管理职责时，员工就会念起紧箍咒：“请不要事无巨细，别拿着显微镜管理我。”更有意思的是，因为具有某种欺骗性，很多被认为是管理过细的问题其实是管理乏力。比如，员工没有经过请示就擅作主张，当管理者发现时，员工已经铸成大错。员工不知道自己自由决策的边界，那是因为管理者没有提前告诉他，因此必须仔细地告诉员工哪些是他的职权、哪些不是；必须一遍又一遍地告诉员工什么是能做的，什么是不能做的。这个人就是管理者。

5. 无差别地对待每个人。每个人都有着与生俱来的价值，都应该无差别地对待每个人。错误的公平观，会导致多数管理者不愿意对员工切切实实的额外努力做出奖励。许多管理者会对员工说：“我真的很感谢你的额外努力与付出，但我不能特别为你做些什么。如果我那么做了，那么我就必须为其他所有人那么做。”结果，低绩效和高绩效员工拿的报酬几乎一样多。在这种大锅饭中，“报酬”这一本来就有限的资源被进一步稀释，高绩效员工的挫折感就会不断增强。结果，管理者没能给予高绩效员工应得的额外奖励，高绩效员工失去了继续勤奋工作的动力，管理者同时也剥夺了激励员工最重要的工具。

虽然未来的组织会演变成什么样，现在还很难看清楚，但未来组织最重要的功能已经越来越清楚，那就是赋能！什么是真正的公平？基于员工的绩效，为一部分人多做一些，为一部分人少做一些。这才是真正的公平。

第九章

可以借鉴的赋能型组织实例

韩都衣舍的赋能型小组制

2006年创立的韩都衣舍是快时尚服装业的新来者，五位创始合伙人都不是来自服装行业，缺乏从业经验和相关的知识积累，然而都对互联网和信息技术所引致的生产方式变革和商业生态变化极其敏锐，比如，领头人赵迎光已有7年在电子商务领域打拼的经历，这使韩都衣舍从创业那天起就成为一个天生的互联网品牌服装提供商。

不熟悉传统服装业运作方式，新生企业就能摆脱传统经验束缚和路径依赖，大胆地在时尚服装企业经营的各个环节，依托互联网和信息技术开展新的生产方式和商业生态的创新试验。作为刚刚崭露头角的互联网生态下经营快时尚服装，韩都衣舍与ZARA、Uniqlo等业内国际巨擘处于同一起跑线上。由此，韩都衣舍通过互联网企业快速学习、整合资源、创新迭代、自我裂变、不断进化的方式，经历艰苦、短暂的探索过程，打造出了一个完全颠覆了传统企业理念的新型服装企业，初步具备了一定的“速度”竞争优势。

虽然在总体规模、产品品质和品牌知名度等方面，韩都衣舍与业内国际巨擘依然存在较大差距，但在服装单品款式开发数量和上市速度、产品返单比例和速度、当季售罄率、库存周转率、资金周转率、新品牌孵化率等具体核心指标上，已与这些行业领先者并驾齐驱，甚至略有超越。

韩都衣舍之所以能够快速成长为领先的互联网多品牌快时尚服装企

业，主要得益于其具有鲜明时代特色的组织创新实践，其组织创新探索彰显了信息时代信息技术革命引致企业组织变革的重要趋势。“小组＋平台”的基本组织架构，形成韩都衣舍以小组制为核心的单品全程运营体系。

韩都衣舍的组织模式主要是基于小组制的蚂蚁军团组织。把企业内部划分成几百个三人小组，称为蚂蚁军团。这种组织模式让韩都衣舍在2012 ~ 2016年实现互联网销售五连冠，其核心就是平台＋小组制，一个方面企业要建立向平台化转型；另一方面是企业内部建立几百个三人小组。韩都衣舍采用并联式组织模式，采用包产到户的方式，让每个品牌、每个款式都是一个相对独立并联的小组，每个小组都由3个人组成，3人小组包括产品设计师、页面详情设计以及库存订单管理等三个核心岗位，资历和能力强的人兼任组长。

这种并联式的模式把公司变成一个平台，所有的小组都能在平台上获取资源支持，直接面对客户。这种组织模式使得组织更加贴近客户前端，几百个小组贴近客户、满足客户个性化的需求。

小组员工有责权利能，责权利在小组里有明确的责任和利益分享；另外，几百个小组在企业内部获得平台的支持，组织会变成一个赋能体系，为数百个小组提供赋能。这种模式的运行是靠数据驱动，韩都衣舍的组织结构图跟传统的组织结构图不一样，基本上是数据化的。而且，这种小组有自己的考核，也有管理：韩都衣舍每3 ~ 5个小组会产生1个主管，每3 ~ 5个主管会产生1个部门经理，还是有管理层级的；每个小组之间、部门之间的协调靠主管和部门经理来协同，把传统的组织模式跟新的组织模式融合在一起，内部有一套分成机制。

总的来讲，韩都衣舍的组织模式是内部平台化＋无数个蚂蚁战斗队，贴近客户、贴近客户的需求，小组在责权利上实现统一，不是淘汰人，而是更新迭代小组。每个小组都在不断排名，今天是第一名，明天可能落到第三名，刺激各小组内部、团队之间必须你追我赶。同时，整个利益机制是透明的。

华为铁三角的一线共同作战单元

华为最核心的是“平台＋项目制”。华为的项目组织由三大模块组成：功能型组织、委员会组织、项目型组织。功能型组织主要提供支持服务，委员会组织主要提供决策，项目型组织主要是执行、冲市场、打市场。整个组织从决策、平台赋能到一线打仗，形成新的三角。

华为决策是由谁做出的？通过委员会的方式。华为的赋能体系通过什么进行？通过职能体系转化成赋能平台。华为的项目是铁三角，它的组织模式是一种强矩阵的蜂巢式，把过去传统的矩阵进行了优化，所以整个组织模式是典型的平台＋项目制的运作。

项目制组织是全球比较风行的组织模式，是为了某个特定的项目任务，由不同部门、不同专业的人所组成的特别工作小组。这个小组符合现在组织创新以及贴近客户需求，项目制组织也有多种形式。华为建立了一支真正深入客户一线的项目团队，但项目团队的背后，最核心的是支持服务体系。

华为的支持服务体系，既有扩展项目的支持，还有支撑的功能岗位员工、核心小组员工。每个铁三角的背后都是庞大的服务体系，每个铁三角背后都是围绕任务进行人才的聚集，这是一种全新的未来人力资源的模式——人随任务走。

下面，就分别介绍一下核心员工、项目扩展角色员工和支撑性功能岗位员工的员工组成，以及各自的角色职责。

一、核心组成员工

核心组成员工主要包括：AR（客户经理/系统部部长 Account Responsibility）、SR（产品/服务解决方案经理 Solution Responsibility），以及 FR（交付管理和订单履行经理 Fulfill Responsibility）。其中，AR 是相关客户/项目（群）铁三角运作、整体规划、客户平台建设、整体客户满意度、经营指标的达成、市场竞争的第一责任人；SR 是客户/项目（群）整体产品品牌和解决方案的第一责任人，从解决方案角度来帮助客户实现商业成功，对客户群解决方案的业务目标负责；FR 是客户/项目(群)整体交付与服务的第一责任人。

二、扩展项目角色员工

包括项目主谈判人、商务负责人、业务财务控制人、融资负责人、交易协调人、投标责任人、产品负责人、服务解决方案负责人、合同负责人、交付项目经理、供应链负责人、项目采购负责人、项目财务控制人以及公司内部的项目赞助人等。其中，公司内部的项目赞助人指的是，为联系特定项目的公司高级领导，主要从事高层客户交流，对项目的成功交付负责。

三、支撑性功能岗位员工

包括资金经理（信用经理）、应收专员、开票专员、税务经理、网规经理、法务专员、公共关系（PR）专员、研发经理、营销经理、物流专员、采购履行专员、合同 /PO 专员、综合评审人等。

铁三角模式有效运作要求客户经理、解决方案经理和交付经理等要以客户为中心，依据上述各岗位职责来协调和工作。

1. 铁三角团队的第一责任人由客户经理担任，解决方案经理和交付经理全力协同工作，三者任务目标一致，思想统一。三者之间组成一个三角形，三个角之间的距离（角色承担的责任），可以依据项目 LTC 流程进度和实际需要进行调整。

2. 铁三角团队需要与客户组织匹配。要深入理解和梳理客户组织结构图，熟悉客户的部门、岗位、职务、权限、运作流程；洞察关键客户链和整理客户各项业务流程，梳理出流程上的所有关键客户和角色。

3. 做好角色转换工作。客户经理要从过去的纯粹的销售人员向综合经营管理角色转变；解决方案经理要由过去的产品销售向综合解决方案销售转变；交付经理也要由单纯的项目交付转向对客户服务与满意负责。最终实现与客户共赢。

4. 赋予铁三角组织相应的权利，提升一线决策灵活性和及时性。华为结合铁三角组织形式的推行，相应引入项目制授权，赋予项目铁三角相应权利，来增强一线决策层级，实现决策前移，让“听得见炮声的人来呼唤炮火”，保证能快速响应客户需求对应市场竞争。项目制授权就是在基本授权之外，在项目的立项决策、投标决策、签约决策、合同变更决策、合同关闭决策时依据项目等级进行相应授权，项目铁三角依据授权进行决策。超越授权情况下需要申请按程序审批。项目制授权提升了一线决策的灵活性，也使得决策者与考核指标承担者关系一致，有利于调动一线团队的积极性和创造性。

5. 作为独立经营单元运作。华为项目铁三角运作团队在公司授予的权限和预算范围以内具有经营管理、奖金分配、资源调度、相关重大问题决策、员工绩效目标承诺和关键绩效指标制订等重要权利，保证铁三角制度的有效落实以及发挥效力。

红领集团的源点组织论

中国服装行业基于互联网的创新有两个最典型的企业，一个是前面提到的韩都衣舍，另一个就是红领集团（以下简称红领），率先在组织模式上做了创新。

红领经过多年的创新，基于新的商业模式提出源点组织论。新的商业模式就是打造个性化、定制化的平台，从过去传统的“做了再卖”模式转变为现在的“卖了再做”模式：过去主要是靠渠道，现在是客户直接对接工厂；过去有大量库存，现在没有库存；现在是先交钱再生产，构建满足客户的个性化需求，以需求数据来记录，构建满足需求的直销平台，真正去中间商、去代理商、去渠道商，构建电商直销体系，同时既要满足客户个性化需求，又要有相对高的性价比。

在这种条件下，红领提出具有生命特征的极致扁平化组织。这种扁平化组织的最核心思想就是源点论，源点论思想本质上是以需求为核心的组织管理理论。现在大家谈组织创新时，都是以客户需求为核心构建组织，但是红领的源点有两个：一个源点是战略，组织变革的方向不能背离公司的愿景、目标、核心价值观；一个源点是需求，组织变革要依据客户需求去变。也就是说，企业组织变革不能光谈客户需求，还要基于公司的愿景和核心价值观。两个源点在平衡整个组织变革的发展方向。

源点论的组织变革的发展方向不是简单地满足客户需求，而是全员要对应公司的整体目标，目标对应全员，内部高效协同，最终满足客户的需求。所以，一端是组织需求，一端是客户需求，整个组织变革依据两个需求进行。

源点论的核心思想是“四去”——去领导化、去部门、去科层、去审批，使整个组织走向简化。组织做到“四去”，需要运用很多操作性手法，比如，去部门以后，如何实现部门与部门之间的协同、打破部门之间的壁垒？如何去科层，没有领导如何实现点对点、端对端的运作？去审批以后如何建立责任体系，如何解决问题、强化责任？这些问题在操作层面上都是非常重要的。

源点论强调强组织、自组织。强组织是强调企业内部虽然没有领导，但是每个职能或者节点遇到新问题或者规范中没有涉及的流程时，不允许拍脑袋、找领导，而是当事人要带着解决方案在内部发起会议，大家一起研讨怎么解决这个问题，由相关职能岗位流程管控中心建立虚拟组织，一起参与研究、重新建立规范和标准，把结果固化到流程上，由自组织去执行，所以建标准、建规则是通过跨团队、跨职能的强组织，解决问题是靠自组织，这个解决了统一性和个性化的问题。

海尔集团的指数型组织

指数型组织在国际上有 11 个特征，有内部的特征和外部的特征。这些特征从组织变革的发展方向，围绕着平台化、员工创客化、用户个性化等三个最基本的方向去改造整个组织。

指数型组织的 11 个特征属性分别为：

1. 良好的界面；

2. 适应力强的实时仪盘表，进行绩效检测；

3. 新的产品开发通过实验快速迭代；

4. 员工高度的自治；

5. 借助社交技术实现员工之间的协同；

6. 随时随需随聘员工；

7. 大量组建社群，吸引客户、吸引大众；

8. 每个人拥有自己独特的算法；

9. 用杠杆资本取代实体预算；

10. 让客户、粉丝参与到整个产品设计的过程中；

11. 激发组织内部的创新创业精神，真正开放，满足客户个性化需求，让客户一起参与。

针对海尔这几年的变革，虽然业界有很多不同的声音，但是张瑞敏提出的变革思想依然代表了未来管理变革的发展方向。

全球比较时髦的一种组织是指数型组织，张瑞敏是最早在国内提出要将传统企业转型为指数型组织的。所谓指数型组织就是，企业如何通过组织的变革实现高速的成长，如何激发组织内部的活力，实现企业的变道超车、让企业的产出跟同行相比，发生不成比例的大幅增长的扩张型组织，激发组织内部创新活力。

这种机制，使得那些对平台、对各合伙人团队没有任何价值的工作不再有人为其支付酬劳，对平台和合伙人团队没有任何贡献的人员会慢慢找不到自己的岗位，慢慢被企业淘汰。这就是海尔的实践：将企业变成平台，为员工赋能。

未来的公司都是一个个平台，而不再是自上而下的金字塔结构，内部市场化与组织失控成为企业管理新常态。创始人要善于将过往的公司绩效考核、公司人力资源管理转变为通过内部市场规则竞争、用户选择，积极构建自己的企业平台和内部市场机制，把公司变得更加柔性一些，这在很大程度上依赖股权机制与内部利益机制的设计和文化引导的设计。

小米的平台型+生态型组织

小米经过多年的探索，已经形成了独特的小米生态圈。从某种意义上，小米不再是简单做手机的企业，形成的生态系统、生态圈是在连接客户、交互客户价值，通过连接和交互实现了数倍成长。今天，企业应该干什么、生态连接应该干什么、在企业和生态之间到底是一种什么样的交易关系、内部如何进行协同等，都是全新的课题。

小米的模式核心是以客户及技术为基础，通过产品和服务的方式构建一个全新的产业生态，所以，除了手机、电视由小米负责，其它产品都由小米投资，提供供应链、智能互联系统和品牌，但是生产、制造、设计都交给合作方，这样，小米就可以以较低的成本迅速扩展它的智能生态链，让客户能够以较低的成本享受到相对优质的智能生态的硬件产品与服务。

具体来说，小米是从下面六个方面进行赋能的：

1. 特定领域的市场足够大，适合发挥互联网的人口红利模式。互联网是个人口红利的行当，不适合搞小众市场。在成熟的经济体系里，应该有两三家企业垄断 80% 的市场。小米想做的，就是以合理的价格和好的品质，让中产阶层过上体面的生活，成为国民企业。剩下 20% 的奢侈品和特色细分，不是小米考虑的范畴。小米的产品逻辑是：要做的不是技术含量最高的产品，而是能满足 80% 大众基本需求、并达到最佳性价比的产品。因为小米的优势之一是米粉，都是中低端的客户为主，人数多，追求性价比。

2. 该领域产品存在性价比、品质等严重不足，有被改造的机会。行业存在巨大的利润空间，也就是小米的产品价值观。性价比模式的实现也要仰仗小米的产品设计思路，小米系企业砍掉了产品中所有非必要的功能及其所带来的开销，要做的不是技术含量最高的产品，而是能满足 80% 大众的基本需求、并达到最佳性价比的产品。与这套设计思路相应的，小米生态企业运用的并非高精尖的“黑科技”，而是已经成熟的工业级解决方案和配件，这就避免了成为实验室产品而带来过高成本。小米产品价值观是：性能接近甚至超越第一品牌，价格是第一品牌的一半。

3. 产品可迭代或有耗材，公司能持久地被市场关注。现在互联网时代，消费主力是 80 后或者 90 后，焦点、热点变化很快，需要满足主力客户的这种特点，同时保持黏性。这也是小米和格力打赌可能成功的原因，从市值角度小米已经超过格力的两倍。比如，电动牙刷的牙刷头、空气和水净化器的滤芯等都能形成一种有耗材的产品。

4. 精准的客户群画像。产品用户与小米 1.5 亿用户群的特征相匹配，利用小米平台容易引爆。小米创业时期定位口号是“为发烧而生”，集中于 18 ~ 35 岁，70% 是理工男。选择的产品要符合这些客户群体，比如，小米智能插座、扫地机器人、智能家居等就是如此。

5. 技术过硬，打造爆品。比如，小米手环的研发者是一支小米手机团队，用做手机的团队来做手环，技术确实过硬。2014 年 3 月，小米生态链中创建了智米科技，生产空气净化器，并以最终上市时间为起点倒推，从研发到量产，再到最终上市，只有 9 个月。为什么只有 9 个月？北京的雾霾季从 11 月份开始，错过这个点就等于错过一整年。智米团队一边组建团队，一边构建供应链，一边设计产品，多条线同时推进。小米体系的产品经理对用户体验、行业状况、好产品的定义有足够的自信，很多传统制造企业之所以会出现问题，就是因为忽略这些方面。

6. 认同小米不赚快钱的价值观，有做新国货的愿景。人以类聚，物以群分，只有相同价值观、愿景一致的人才能在一起，没有清晰的愿景和价值观，是很多企业发展到一定阶段无法成长和找到高端人才持续发展的原因。中国人去日本买电饭煲和马桶盖的风潮，让雷军意识到，国内家电企业现有的产品在供给过剩的同时，并未满足用户消费升级的需求。他认为，企业的关注点，应该从数据和现金流回归到产品，发动一场类似于日本 20 世纪 60 ~ 90 年代的家电业大变革运动。

京东的三维组织结构

基于对趋势的洞察和未来战略的思考，京东总结出组织管理面临的两大挑战：组织从管理驱动到价值驱动；组织能力需要重构与升级。从未来的挑战出发，京东首次对外发布组织变革的三大核心举措：建立客户导向的网络型组织；建立价值契约的钻石形组织；建立竹林生态的生态型组织。

京东提出的组织模式有自己的逻辑，用户导向性的网络型组织、平台架构怎么建立，企业内部平台跟各个业务单元之间如何形成网状的关系，人力资源管理可能不是如何管人而是要管任务。

对未来的组织和人力资源管理会产生巨大影响的变革是：人力资源部不是管人，而是管任务市场。如何使任务市场外部内部市场化、内部任务外部化？围绕任务组合、整合人才，是未来人力资源管理在网络型组织里面一个巨大的变化，一定要关注平台怎么建立、网络关系怎么建立、如何建立任务市场等。

过去人力资源经典的三支柱是战略伙伴、平台化、HRBP（人力资源业务合作伙伴）。京东提出，在组织生态中，人力资源主要抓三个方面：文化、组织发展、人才机制创新，被定义为人力资源新三支柱，代表了未来人力资源发展方向的。

人力资源如何帮助企业从现在走向未来，为未来的挑战做准备？京东人力资源变革的驱动力是“OTC 价值主张”（“OTC”指组织 Organization、人才 Talent、文化 Culture）：基业长青，文化先行；战略落地，人才先行；致胜未来，组织先行。京东认为，未来的组织是通过建立独特的文化，吸引和保留具有共同价值观的人才，持续创造价值的平台。在 VUCA 时代，企业要赢得未来之战，就要进行颠覆性的组织变革。

京东预见第四次零售革命即将来临，“无界、精准”是未来零售业的实质，成本、效率和用户体验将进行重构。基于“零售即服务”的战略顶层设计，京东继续在零售领域深耕细作的同时，提供了一个开放、赋能、共创的平台，面向全社会开放京东作为零售基础设施提供商的能力。

一、客户导向的网络型组织

京东从客户导向出发，通过搭建平台架构、开放任务市场，将组织内的管理关系从单一的垂直关系转变为有更多利益相关人加入的网状关系。每个员工个体周围都会有一张网，网络越密集，说明个体被需要的场景越多。

搭建平台架构是基于客户导向重新梳理内部职能分工，前台部门快速响应和满足客户个性化需求，中台通过组件化和模块化，解决共性需求、提炼和输出核心能力。开放任务市场是将客户需求从工作拆解为任务，鼓励员工自由组队，以任务团队身份承接并完成任务需求，获得评价和奖励。

京东认为，客户导向的网络型组织需要具备授权前移、灵活组队和网状评价三个基本特征，并配套建设了授权赋能的管控机制、内部结算机制、网状评价的信息平台，以及配套的考核激励机制。

二、价值契约的钻石型组织

钻石型组织是通过塑造有独特 DNA 的文化，把具有共同价值观的人才吸引到一个平台上，不断扩大平台的价值，提供高速发展的空间，帮助人才拓展能力发展的广度和深度，从而建立兼顾法律契约和心理契约、共创个体价值和组织价值的价值契约型组织。

钻石型组织倡导通过组织价值和个体价值的共创，促进整体价值的放大与升值；从传统雇佣关系用法律方式约束，到通过心理契约、价值认同关系把人才凝聚到一起。如同钻石“纯粹、透明、坚韧、持久”的特征，京东希望成为值得人才信赖的组织，让人才有归属感。钻石需要不断地打磨才能耀眼，京东也要像钻石一样成为一个持续进化型的组织。

三、竹林共生的生态型组织

京东认为，面对时代和行业趋势的挑战，仅靠组织内的资源是远远不够的，组织之间的共生共创尤为重要。

森林生态强调个体的发展，是同生；而竹林生态则是根系盘根错节、相互交织，更强调组织与个体、组织之间共同发展，是共生。共生具有开放、赋能、共创、包容性增长的特点，价值和影响远远超过同生。京东希望建立的是竹林共生的生态型组织，推动资源、能力和人才的开放和赋能，实现极致提升客户体验的目的。

建立竹林生态，需要从业务、人才和组织方面进行更多地交互和渗透。在京东战略方向的指引下，业务已经逐步开始建设竹林生态，下一步就是人才竹林生态的建设，这是京东发起建立 TELink 人才生态联盟的目的和意义。

京东希望与生态伙伴携手共建人才生态联盟，定向开放优势资源，相互赋能能力，共同探索在人才培养和人才健康流动等方面需要采取的创新举措，共同建设生态伙伴之间人才共生共创的平台。

平安集团打造战略赋能型金融科技公司

平安科技成立于 2008 年，是为平安集团提供 IT 支持的子公司，主要为集团提供 IT 规划、开发和运营等服务。为了支持中国平安保险集团从平安 1.0、平安 2.0 到平安 3.0 不断升级的战略目标和数字化转型需求，平安科技持续对云计算、大数据、AI、区块链等基础技术研究进行投入，从而打造出了一个强大的、开放式互联网金融服务平台，很好地支持了平安集团各项业务的开展。

作为为平安金融和医疗提供决策支持的智能引擎，“平安脑”依托平安集团多年积累的数亿级线下用户数据、互联网数据以及数千万企业信息数据，对其进行精细化分类管理，绘制全方位、多维度的用户画像、产品画像、渠道分析报表和监控报告，从而帮助平安保险集团监控风险、发现商机。以医疗保险为例，“平安脑”让识别准确率和业务效率提升近 4 倍，一年以来因识破“骗保”减少 20 多亿元的资金流失。

为了支持平安集团的转型升级，服务平安 3.0 战略，平安科技还搭建了深度学习集群，可以通过图像识别、语音分析、文本理解等技术进行智能化数据挖掘，相关研究已经服务于平安的众多金融业务，包括风险管控、反欺诈、智能营销、运行优化、智能健康、智能监控等领域。比如，平安的车险理赔服务就已经从上述研究中受益。

传统的车险理赔过程短则半天，多则几天。平安科技一方面通过智能调度系统优化查勘员的位置，让其尽快地到达出险现场，缩短处理时间。同时，还在研究通过在“平安好车主”APP 中嵌入快速理赔服务，只要打开这个 APP 拍几张照片传到后台，就能够通过计算机进行查勘理赔，经人工审核后完成理赔，非常快。这里的智能调度和快速理赔都需要大数据和人工智能的技术支持。

与技术已经相对成熟的人脸识别相比，汽车图像的识别难度要大得多，其问题的复杂度是人脸识别的 5 个数量级以上。而智能调度则要有一个优化模型算法能够结合目前动态的网络去实现自动的配置，让查勘人员预先到合适的地方，这样发生事故后才能够尽快到达。

当然在业务中得到应用的智能技术不止这些，而随着应用的丰富，平安科技对“智能化”的需求不断增加，数据处理量也不断增加，平安科技也随之在不断提升和优化云平台和智能引擎后台。比如，联合英特尔等芯片厂商尽可能挖掘 CPU 处理器的性能，进行针对性的性能优化，就服务器架构进行创新，提升服务器的整体性能，等等。

同时，平安科技也在积极布局异构计算，包括利用 FPGA，甚至还在探索 AI 定制芯片的可能性，希望把金融领域知识和运算能力嵌入进去，从而节省后台服务器的处理能力，并为此专门成立了异构计算组。

此外，还有平安金融云。平安金融云建立在 x86 服务器搭建的大规模集群上，基于开源云框架实现。平安金融云不仅支撑着平安集团 90% 以上的业务公司，支撑 60% 的业务系统投产，还延伸至外部直销银行和金融机构，现在已经有几十家金融机构在平安金融云上稳定运行。而它对外提供的诸多云服务中就有平安各种大数据、人工智能技术的身影，这些技术正是借助平安金融云顺利实现了落地。

大数据与人工智能只是科技与金融融合的一个体现。近年来，金融正与科技日益紧密地走到了一起，并因此出现了一个新名词叫“金融科技”。

金融企业对于技术的需求比其他行业更加迫切，只要技术能够帮助金融企业实现利润的最大化，它一定会率先尝试这些技术。这也是为什么最近金融科技非常流行的重要原因。

和IT行业大趋势一致，目前金融行业有以下几个技术热点：第一个是底层的云平台，透过它来支撑一些金融能力（如风控能力、反欺诈能力）；第二个是大数据和人工智能。通过这些技术来具体实现金融的风控、金融反欺诈以及用户推荐、运营优化等；第三个是区块链，通过区块链这种分布式记账方式，实现一个全流程的安全管控。

后　记

随着互联网和人工智能的广泛应用，传统的企业组织形态正在被颠覆。企业去中心化、组织赋能化、信息平台化成为时代主流。企业与员工的关系由雇佣关系演变为共享与合作的关系，企业组织也由管理变成赋能，这是发展的必然。企业文化和价值取向成为企业赋能的基因，由不同的文化基因演变成不同的赋能组织，不同的赋能组织决定着赋能组织的原动力和创新力，从而影响到企业创造价值的能力。

赋能型组织的建立，除了文化及赋能制度设计外，更重要的是对领导者的赋能，领导者高维能量的开启，即高维智慧的开启，是赋能组织长期需要实施的关键点。选人、留人、发展人成为赋能组织的三个核心链接点。不断复制和升级这三个核心单元，赋能组织就能实现自我良性循环和自我超越，从商业维度升华到生命维度，最终打造出一个卓越的赋能组织。